Eberhard von Kalckreuth

Genußradeln auf Korsika

Steiger-Radführer

Eberhard von Kalckreuth

Genußradeln auf Korsika

80 Farbabbildungen,
30 Tourenkarten
und eine Übersichtskarte

STEIGER
VERLAG

st

Der Autor:
Eberhard von Kalckreuth lebt seit vielen Jahren in Südfrankreich. Korsika hat er auf zahlreichen Reisen erkundet. Die Touren für dieses Buch wurden aktuell recherchiert.

Die Deutsche Bibliothek - CIP-Einheitsaufnahme

Kalckreuth, Eberhard von:
Genussradeln auf Korsika / Eberhard von Kalckreuth. -
Augsburg : Steiger, 1997
  (Steiger-Radführer)
  ISBN 3-89652-064-4

Gedruckt auf chlorfrei gebleichtem Papier.

Steiger Verlag
© 1997 Weltbild Verlag GmbH, Augsburg
Alle Rechte vorbehalten
Konzeption: Dr. Petra Altmann
Lektorat: Frank Heins
Kartenskizzen: Ingenieurbüro für Kartographie Heidi Schmalfuß, München
Layoutentwurf: VerlagsService Dr. Helmut Neuberger & Karl Schaumann, Heimstetten
Satz und Reproduktion: Typework Layoutsatz & Grafik GmbH, Augsburg
Druck und Bindung: Druckerei Appl, Wemding

Einbandvorderseite: Ste-Lucie-de-Tallano (IFA-Bilderteam, München / Foto: Dr. Ewald);
Einbandrückseite: Kalkfels-Steilküste bei Bonifacio (IFA-Bilderteam, München / Foto: Dr. Ewald); S. 1: Radfahrer vor der Felsnadel von Popolasca; S. 2/3: Speloncato; S. 20/21: Port de Centuri; S. 110/111: Gebirgslandschaft bei Vizzona

Bildnachweis: Martin Siepmann, Wolfratshausen: S. 60/61, S. 110/111.
Sofern nicht anders angegeben, stammen alle Aufnahmen von Eberhard von Kalckreuth.

Printed in Germany
ISBN 3-89652-064-4

Inhalt

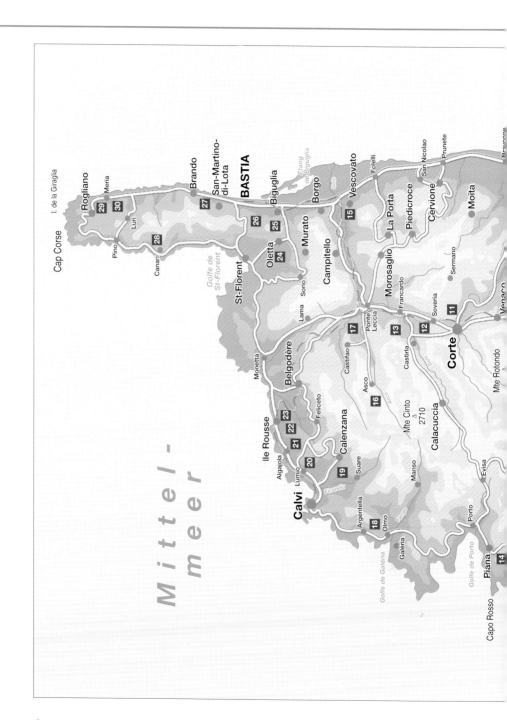

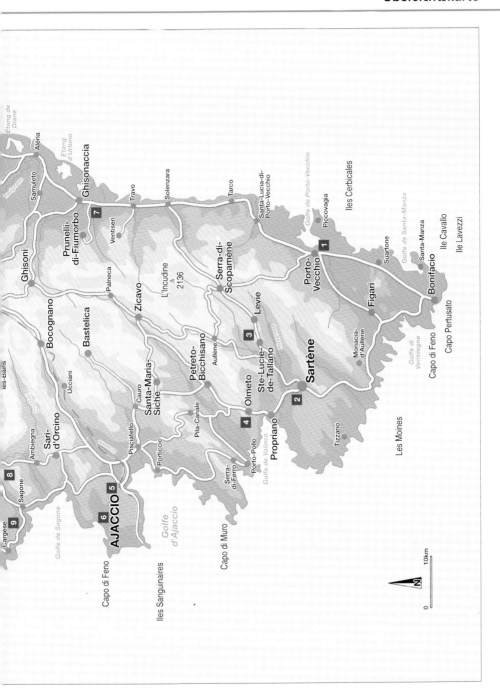

Einführung

Natur

Guy de Maupassant sagte: »Korsika ist ein Berg im Meer«. Die **höchste Mittelmeerinsel** (586 m ü.d.M. durchschnittlich) ist ein Mikrokontinent, der sich vor 21 Millionen Jahren (Tertiär) südostwärts drehte und vor 2,5 Millionen Jahren die heutige Lage erreichte. Zwei Drittel der Insel (Westen und Süden) sind kristallines Gestein, Granit und metamorphisches Sediment wie Schiefer, aber auch vulkanischer Herkunft wie Basalt. Allein im Süden in der Umgebung von Bonifacio, im Nordosten bei Patrimonio (Tour 25) und an einigen wenigen Stellen am Cap Corse (Marina de Giotani) kommt Kalkstein vor. Das **Klima** ergibt sich aus einer kontrastreichen Palette zwischen Meeres- und Hochgebirgseinfluß. Es gibt drei Haupttypen: erstens das Mittelmeerklima an der Küste und in den breiten Tälern, mit großer Hitze und Dürre im Sommer; zweitens das Mittelmeerklima im Gebirge, dort ist es etwas kühler, wenn Wälder vorhanden sind (siehe Tour 3) oder sogar heißer, wenn es wenig Schatten gibt (siehe Tour 17) – gekoppelt im Hochsommer mit heftigen Gewittern (auf Wetterbericht achten, Regenzeug mitnehmen) –; sowie drittens das Hochgebirgsklima (über 1600 m), frisch bis kalt, mit häufigen Niederschlägen (Schnee im Winter) und Gewittern! Dazu kommen Winde vor allem im Nordwesten und im Süden der Insel (beliebte Surferspots): der *Maestrale* (in der Provence heißt er Mistral) aus Nordwest, der *Libeccio* aus Südwest und der *Scirocco*, warm und feucht aus dem Süden. Das jeweilige Klima beeinflußt Flora und Fauna.
Die **Ostküste** Korsikas ist flacher, geradli-

niger und weist mehr Sandstrände auf, die streckenweise zu Lagunenbildung geführt haben (sog. *étang*). Der Rest des Küstenverlaufs **(Westküste)** ist zackiger und teilweise stark zerklüftet. Hier gibt es herrliche Strände.
Die **Unterwasser-Flora** und **Fauna** ist erstaunlich vielfältig. Fische aller Mittelmeerarten tummeln sich im blauen Wasser: Lippenfische (*labres*, örtlich: *vieille*, d. h. »Alte«), Rötlinge (*rouget*), Tintenfische (*calamar*), kleine Kraken (*poulpe*), Muränen (*murène*), Seeaale (*congre*), Goldbrassen (*daurade*), Zahnbrassen (*denti*), Langusten (*langouste*) und Hummer (*homard*). Korsische Fischgerichte sind zu empfehlen, besonders die Fischsuppe (soupe de poissons): Geröstete Brotstückchen werden mit Knoblauch eingerieben und mit »Rouille« bestrichen (eine Art scharfe rote Mayonnaise); ein bißchen geriebener Käse und die heiße Suppe werden darüber gegossen (ohne den Roséwein zu vergessen).
Die **Hochseefauna** ist ebenfalls bemerkenswert: Delphine (*dauphin*), kleine Blauwale (*rorqual*), Pottwale (*cachalot*), Thunfische (*thon*), Schwertfische (*espadon*) u. a. sind anzutreffen. Zahlreiche Vögel leben am und vom Meer, wie Silbermöwen (*goéland argenté*), Lachmöwen (*mouette rieuse*), Kormorane (*cormoran*), Raubmöwen (*puffin*), Seeschwalben (*sterne*) u. a.
Auch die **Insel-Flora** und **-Fauna** ist geprägt von Meer und Gebirge. Direkt am Meer oder in mittlerer Höhe, teilweise auch im Gebirge wächst nur noch die **»Macchia«**, ein immergrüner Hartlaub-Buschwald. Die charakteristische Mittelmeervegetation paßt sich ideal an lange Trockenzeiten und Hitze an, dazu gehören Stechginster, Ginster (*genet*), immergrüne Eiche (*chêne kermesse*), Wacholder (*genévrier*), Erdbeerbaum (*arbousier*, er-

gibt gute Marmelade!), Myrtenstrauch (*myrte*, Likör!), Zistrosen (*rose de ciste*) und eine Art Wermutpflanze, die der Macchia einen eigenen Duft gibt! (Auf der Fähre kann man schon diesen eigenartigen Duft riechen!)

Die zahlreichen **Wildbäche** stürzen aus den **bewaldeten Bergen** durch steile Schluchten herunter. Sie bilden Gumpen (Wasserlöcher), in denen man mit höchstem Genuß baden kann. Das Wasser ist besonders klar und sauber wegen der wenigen Mineralstoffe (Granit). Hier

leben zum Beispiel eine korsische Art des Molchs, der Euproctus, Salamander, gelbe Bachstelzen (*bergeronnette*), Frösche (*grenouille*), Kleiber (*sitelle corse*) und Ringelnattern (*couleuvre*). Übrigens gibt es auf Korsika keine Giftschlangen!

Die **großen Wälder** mit Steineichen (*chêne vert*), Korkeichen (*chêne liège*), Buchen (hêtre), Korsischen Schwarzkiefern (*pin laricio*) u. a. wachsen auf halber Höhe. Spechte (*pics*), Finken (*pinson*), Grasmücken (*fauvette*) und Kernbeißer (*bec crochu*) fühlen sich hier wohl. Die Temperaturen sind in dieser Region durch den Schatten etwas kühler, und es regnet öfter.

Das **Hochgebirge** beginnt ab 1600 m ü.d.M. Es kann hier im Sommer sehr heiß werden, vor allem auf vegetationslosen Südhängen. Im Sommer bei Gewitter, sonst im Frühling oder Herbst und natürlich im Winter kann es dagegen erschreckend kalt sein. Hoch oben auf den Gipfeln leben u. a. Mufflons (*mufflon*, siehe Tour 10 und 16), Steinadler (*aigle royal*) und Bartgeier (*gypaète barbu*).

Der **Naturpark Korsika** (Parc Naturel Régional de Corse) dient der Erhaltung der spezifischen Fauna und Flora der Insel. Kulturpflanzen haben weite Gebiete Korsikas geprägt, zum Beispiel die **Edelkastanie** (*châtaigne*) die »Castagniccia« (wörtlich: Edelkastanienwald; siehe Tour 15). Im 17. Jh. versuchte die genuesische Herrschaft, wirtschaftlich Fuß zu fassen: Jede Familie wurde gezwungen, vier Bäume anzupflanzen. Das hat später einen beachtlichen Reichtum ergeben, denn das Kastanienmehl wurde in verschiedenen Formen verarbeitet. Seit kurzer Zeit hat es wieder eine neue Verwendung: Mit ihm wird Bier erzeugt. Am meisten hatten bisher die Schweine von den Maronen profitiert, vielleicht auch, weil

Tote Laricio-Kiefer im Hochgebirge.

Tal bei Castifao.

der Schinken und die Wurst von derart gefütterten Tieren besonders wohlschmekkend ist.

Die **Balagne** im Nordwesten der Insel (siehe Tour 18 bis 23) war früher ein Garten, eine reiche Gegend. Zitrusfrüchte wie Orangen, Zitronen (*citron*), Clementinen (auch an der Ostküste) und Zedratzitronen (*cédrat*, werden auch am Cap und im Süden angebaut) wurden zu Likör verarbeitet. Neben Mandel- (*amandier*) finden sich vor allem Olivenbäume (*olivier*). Deren Öl (*huile d'olive*) ist in hohem Maß rein, weil es kalt gewonnen wird, d. h. es

wird gemahlen, gepreßt und abgeschöpft.

Wein ist das wichtigste Agrarerzeugnis der Insel. 600 v. Chr. haben Griechen den Weinanbau entwickelt. Heutzutage kann man sich keine korsische Landschaft und kein korsisches Essen ohne Wein vorstellen. Die üblichen Rebsorten sind *Aleaticu* (eine Art Muskat), *Vermentino*, *Niellucciu* und *Sicarellu*. Sie ergeben mit dem Boden und der Sonne beachtliche Rotweine und leider immer noch verkannte Weißweine und Roséweine. Die Hauptanbaugebiete (Appellation d'Origine contrôlée) sind Balagne, Ostküste, Ajaccio, Sartène und Porto-Vecchio. Die korsischen Winzer haben ein kleines, empfehlenswertes Buch veröffentlicht: »Les vins de Corse«.

Viehzucht und **Tierhaltung** haben die Landschaft der Insel geprägt, weil sie in den letzten Jahrhunderten Reichtum bedeuteten. Schweine, Schafe und Ziegen gibt es seit langer Zeit. Esel und Kühe sind später dazugekommen. Aus Schaf- und Ziegenmilch wird **Käse** gemacht, Brocchiu (frischer Ziegenkäse) und eine Vielfalt anderer Sorten, von frisch bis alt, von hart bis weich, jedoch alle von einer fast abenteuerlichen Geschmacksqualität, die ausschließlich mit (Rot-)Wein verspeist werden sollten.

Kühe werden als Fleischtiere verwertet. Die lokale extensive Tierhaltung und die korsische Rinderrasse – klein, braun bis dunkelbraun mit einem gelben Strich auf dem Rücken, sehr widerstandsfähig – erweisen sich als ideal in Hinsicht auf den hervorragenden Geschmack des Fleisches (Label: *viande corse*, korsisches Fleisch).

Schweine laufen beinahe überall herum, hauptsächlich in den Wäldern. Die Hausschweine haben sich mit Wildschweinen gekreuzt. Das ergibt eine Färbung von schwarz bis schweinerosa. Sie verwüsten viel und treiben sich nicht ungern in der Nähe von Müllplätzen und Touristenparkplätzen herum, fressen jedoch hauptsächlich Eicheln, Bucheckern und »Maronen«. Vom Schwein wird alles verwertet, getrocknet, gesalzen, gepfeffert und ein wenig geräuchert: Coppa (Lende), Lonzu (Filet), Wurst, Figatelli (Wurst aus Innereien: Nieren, Leber und Herz) und Schinken! Mit Rindfleisch, Schweinefleisch (oder auch Wildschwein) werden köstliche Ragouts (*sauté*) zubereitet. Rezepte hierzu kann man dem Band »Cuisine Corse d'hier et d'aujourd'hui« (Korsische Küche von gestern und heute; deutschsprachige Ausgabe vorhanden).

Ein wiederkehrendes Ereignis hat Korsika tief geprägt und der Insel geschadet: **Waldbrand**. Es soll in der bestehenden Viehzuchtkultur üblich gewesen sein, Macchia verbrennen zu lassen, um das Dickicht der Sträucher zugänglicher zu machen und besseres Gras wachsen zu lassen. Heute trifft das kaum noch zu. Andere Faktoren begünstigen den Waldbrand: große Hitze, lange Dürre im Sommer, Wind, ätherische Öle in den Büschen und Pflanzen und hauptsächlich Leichtsinn der Menschen durch Zigaretten, Mülldeponien u. a. Der Kampf gegen Waldbrände ist aber auf Korsika mit Hubschraubern, Löschflugzeugen und sehr fähigen Feuerwehrleuten meist erfolgreich.

Holzstrukturen in einer alten Tür.

Waldbrand bei Moncale.

Geschichte

Erste Anzeichen von Menschen auf Korsika datieren auf 60 000 v. Chr. Siedlungen sind für die Zeit zwischen 9000 und 6000 v. Chr. nachgewiesen. Die »Dame von Bonifacio« (Museum in Levie, siehe Tour 3) soll aus der Zeit 6570 v. Chr. stammen. Für 3500 – 3000 v. Chr. gibt es Hinterlassenschaften einer Kultur mit Religion. Monolithen (Steinblöcke) wurden 2000 v. Chr. errichtet.
Torreaner oder Shardaner aus dem östlichen Mittelmeergebiet lösen die Stein-

zeitzivilisation 1500 – 1300 v. Chr. ab, und **Griechen** aus Kleinasien lassen sich 259 v. Chr. in Alalia (Aleria) nieder, haben aber keine Kontakte zur Bergbevölkerung.
Seit 259 v. Chr. besiedeln **Römer** unter Cornelius Scipio Aleria. Die römische Eroberung der Insel wird 161 v. Chr. beendet, die Romanisierung reicht bis ins 3. Jh. Die Christianisierung Korsikas geht von den römischen Kolonien unter der Herrschaft Diokletians aus.
Dann folgt eine lange unruhige Zeit mit Invasionen und Plünderungen. Sarazenen

richten Stützpunkte auf der Insel ein, die an den Namen der Orte erkennbar sind, wie etwa Campomoro und Morsiglia. Innere Machtkämpfe zwischen verschiedenen Rittergeschlechtern verunsichern das Leben der Bevölkerung.

Die Heere der Stadt **Pisa** vertreiben schließlich die Sarazenen. Pisa und Genua teilen sich die Bistümer. 1248 besiegt Genua die pisanische Flotte, und die **Herrschaft Genuas** über Korsika beginnt. Es kommt zu Machtkämpfen, in denen Genua sich behauptet. Calvi und Bonifacio werden gegründet. Im Jahre 1347 besitzt Genua die Kontrolle der gesamten Insel. Doch bald kommt es zu Aufstandsbewegungen des Adels gegen die »caporali«, die genuafreundlichen Landherren.

1550 folgt eine neue wirtschaftliche und administrative Organisierung der Insel, die Korsika Genua unterstellt. Der Korse Sampiero führt einen Aufstand an, wird aber ermordet. Der »genuesische Frieden« dauert: Es kommt zur Durchsetzung einer Agrarreform, ein Verkehrsnetz (Brücken) wird gebaut, stößt jedoch auf Widerstand der pastoralen Zivilisation. Diese Epoche ist die **Blütezeit des Barock** auf Korsika, vor allem in reicheren Landstrichen der Insel wie der Balagne und Castagniccia. Große Kirchen werden errichtet, Festungen, Wehrtürme und Brücken.

Es kommt weiterhin zu Aufständen, 1730 zu einer Revolution. Am 30. Januar 1735 wird während einer »consulta« (Versammlung) die Unabhängigkeit verkündet und ein König gewählt, ein Abenteurer aus Westfalen: Baron Theodor von Neuhoff. Französische Truppen greifen Korsika auf Bitte der Verbündeten (Genua) an und siegen nach einem zweiten Versuch 1738, die korsischen Chefs werden verbannt. 1752 folgt ein Aufstand unter der Führung des Korsen Gaffori, der ebenfalls ermordet wird. Eine erneute Erhebung führt **Pasquale Paoli** an: Er wird General der Nation, erstellt mit Hilfe von J.J. Rousseau eine Verfassung und gründet 1767 eine Universität in Corte, der neuen Hauptstadt. Genuas wirtschaftliche Lage verschlechtert sich, und laut »Versailler Vertrag« vom 15. Mai 1768 erhält Frankreich Korsika. Im Juli landen französische Truppen am Cap, werden aber in Borgo von den Korsen besiegt. Nach einem weiteren Anlauf siegen die französischen Truppen in Ponte Nuovo. Paoli wird verbannt.

Alles, was die korsische Nation erreicht und geschaffen hatte, wird zerstört. Aufstände werden niedergemetzelt (u. a. Niolo 1774). Für ihre Frankreichtreue werden 80 korsische Familien geadelt, darunter die Bonaparte, sie bekommen Land und dürfen Offiziere werden. Die französische Nationalversammlung der Revolution erklärt Korsika zum Teil der französischen Nation, die Insel wird 1790 ein Département. Paoli kehrt zurück, wird zum Präsidenten des »Conseil Général« gewählt und ist Oberbefehlshaber des Heeres. Wegen seines Mangels an Härte der Bevölkerung gegenüber setzt ihn die Convention (Regierung in Paris) ab. Er verbündet sich daraufhin mit England, aber ein anderer wird 1794 Vizekönig: G. Elliot. England schickt Paoli ins Exil.

1796 landet **Napoleon Bonaparte** mit der französischen Armee auf Korsika und schlägt Aufstände nieder. Es kommt zu Blutbädern, Hinrichtungen und Verbannungen unter dem General Morand.

Im **19. Jh.** kommt Korsika in Mode: Landschafts-, Banditen- und Vendettaromantik ziehen Schriftsteller auf die Insel. Mérimée schreibt den Roman »Colomba«, Maupassant erwähnt die Felsenlandschaft »e Calanche« im Roman »Une vie« (»Ein Leben«, 1884). Justiz- und re-

Korsika bietet ausgezeichnete Windsurf-Reviere.

ligiöse Einrichtungen fördern die wirtschaftliche Entwicklung. Die Bevölkerung nimmt zu, die Vendetta (Blutrache) nimmt ab. 1827 wird die Straße Bastia – Ajaccio gebaut, 1844 die Eisenbahnstrecke Bastia – Ajaccio eröffnet. Ende des 19. und **Anfang des 20. Jh.** läßt die Rentabilität der Landwirtschaft nach, Krankheiten zerstören den Edelkastanienbestand, Phyloxera verwüstet die Weinberge, Armut tritt immer häufiger auf, zahlreiche Menschen sind gezwungen auszuwandern.

Während des Zweiten Weltkrieges leisten die Korsen aktiven Widerstand gegen die italienischen und deutschen Besatzungstruppen. Korsika ist das erste befreite Département Frankreichs.

Separatistische Bewegungen erscheinen 1966 mit der FRC (Front Régionaliste Corse) und 1967 mit der ARC (Action Régionaliste Corse). Sie protestieren gegen die Verschmutzung des Meeres durch roten Schlamm einer italienischen Chemikalienfabrik. Später entsteht im Untergrund die FLNC (Front de Libération Nationale de la Corse 1975), die gegen die »Kolonisierung« durch Frankreich kämpft, auch mit Anschlägen.

Seit 1975 ist die Insel in zwei Départements aufgeteilt: »Haute Corse« und »Corse du Sud«. Korsika hat seit 1981 wieder eine Universität in Corte. Ein Jahr später erhält die Insel einen besonderen Status mit einem neuen Verwaltungssystem und einer frei gewählten korsischen **Regionalversammlung**, die kulturelle, wirtschaftliche und soziale Entscheidungen treffen kann. Seit dieser Zeit ist der Kampf zwischen den verschiedenen Unabhängigkeitsbewegungen und gegen die Zentralverwaltung in Paris schärfer geworden.

Die **korsische Sprache** ist eine eigene Sprache, entsprungen aus einem »latinisierten Idiom«. Der Einfluß des Toskanischen ist vor allem im Norden spürbar. Die Sprache ist jedoch im Süden eigenständiger. Sie lebt dank einer intensiven mündlichen Überlieferung vor allem in der Musik und in den Liedern: korsische »Polyphonie« oder »paghielle« (profane und religiöse Lieder), die a capella gesungen werden.

Gruppen wie »Chjami Aghjalesi«, »A Fileta« (Farnkraut), »I Muvrini« und »Nouvelle Polyphonie Corse« veröffentlichen CDs und geben Konzerte, die einen Besuch lohnen.

Architektur und Kunst

Jungsteinzeit

Wegen der großen Anzahl an jungsteinzeitlichen Hinterlassenschaften besitzen der Süden, aber auch die Balagne erstaunliche Kulturgüter. Im 3. Jahrtausend v. Chr., nach der Entdeckung des Kupfers, verwandelte sich die Landschaft Korsikas durch **Megalithen**, das sind vorgeschichtliche Baudenkmale aus großen unbehauenen Steinen wie die berühmten »Hinkelsteine« von Obélix (*menhir*). Sie wurden einzeln, im Kreis oder auch in Reihen aufgestellt (siehe Tour 4, Filitosa).

Andere Zeugnisse sind **Gräber** in **Steinkisten** (*coffre*), **»Tafoni«**, das sind Gräber in Felslöchern oder Höhlen (siehe Tour 14, Calanche bei Porto), und **Hünengräber** (*dolmen, stazzone*) in U-Form und mit einer großen Steinplatte als Verschluß. Es sind keine Einzelgräber, sondern sie wurden immer wieder benutzt, auch als Sammelgrabstätten.

Später wurden Megalithen primitiven Darstellungen von Menschen nachgeformt, mit Gesichtern, Köpfen, Schwertern und Dolchen (siehe Tour 4, Filitosa). Die Grün-

Immer wieder finden sich am Weg Gumpen, in denen man mit höchstem Genuß baden kann.

de dafür konnten nicht endgültig erklärt werden. Zwei Vermutungen überwiegen jedoch: Waren es Abbildungen von Feinden, um deren Kraft zu erhalten, oder waren es Persönlichkeiten dieser Menschengruppen oder sogar Götter? Ungefähr im 2. Jahrtausend v. Chr. entstanden im Rahmen der sogenannten torreanischen Kultur die **»Torri«** (siehe Tour 4, Filitosa; Tour 3, Plateau de Levie; Tour 1 bei Porto-Vecchio, Torre). Es sind Rundbauten von bis zu zehn Meter Durchmesser aus »Zyklopenstein«-Trockenmauern (bis zu zwei Meter dick), die mit einem flachen Gewölbe bedeckt sind. Diese ebenen Bauten enthalten einen zentralen Raum und mehrere Nebenräume, die einer Tätigkeit oder einem bestimmten Zweck entsprechen: Wohnräume, Kochstätte, Mühle, Getreidelager u.a. Wenn mehrere Hütten zusammenstanden, wurden sie von einer Befestigungsmauer umgeben und bildeten ein richtiges Dorf. Wie Ausgrabungen gezeigt haben, wurden einige Hütten von bestimmten Handwerkern, wie Töpfern, Metallgießern, Steinmetzen u.a., bewohnt. Andere dienten nur als gemeinschaftliches Getreidelager. Bis zu 200 Menschen wohnten in solchen Anlagen, die in der Nähe von wichtigen Verkehrswegen mit guten Verteidigungsmöglichkeiten, Quellen, Wäldern und Feldern errichtet wurden (siehe Tour 3, Castel de Cucuruzzu und Capula). Dieses architektonische Phänomen entspricht einer Zeit, in der wandernde Hirten (Nomaden) allmählich seßhaft werden, Felder bestellen und Vieh züchten. Nach und nach ergeben sich Wirtschaftsräume, die je nach Jahrzeit ausgenutzt werden. Es ist übrigens wahrscheinlich, daß die Mufflons, verwilderte Schafe, aus dieser Epoche stammen. Die Herstellung von Waffen und Werkzeug wurde erheblich verbessert, wie Funde von Hacken, Sicheln,

Töpfereien u.a. zeigen (siehe Tour 3, Museum in Levie). Der Getreideanbau breitete sich in den Ebenen aus. Dies bezeugen die zahlreichen Mühlsteine, die nicht nur für Getreide, sondern auch für Eicheln benutzt wurden.

Romanische Architektur
Diese architektonische Epoche reicht von der frühchristlichen Zeit bis zum Ende des Mittelalters. Ab dem 11. Jh. breitet sich der »Pisanische Frieden« aus. In vielen Dörfern werden Kapellen an Stellen, wo ehemals frühchristliche Basiliken standen, errichtet. Der rechteckige Grundriß mit Apsis (halbrunde Altarnische) hat kleine Ausmaße – San Michele de Morato hat z.B. eine Länge von nur 14 Metern (siehe Tour 24) – und ist nach Osten gerichtet. Die Steinblöcke wurden mit einfachem Mörtel zusammengefügt: Einfachheit und Klarheit bestimmen diese typisch korsische Architektur.
Ein Beispiel ist die Kapelle Santa Maria di Quenza aus dem Jahr 1000 (Tour 3). Es wurden Elemente früherer Kapellen wiederbenutzt, wie hier behauene Steine aus grünem Serpentin an der Fassade. Ähnliches trifft auch für San Giovanni in Grossa zu (Tour 2), erbaut Anfang des 12. Jh. Außerdem wurden die Gewölbe an der Fassade leicht abgesetzt, um besser Schatten und Licht aufzufangen. Die Statuen der Gönner, die unter den Bögen standen, sind leider verschwunden. Weitere interessante Dekorationselemente sind archaische Steinmetzarbeiten, die Simse, Bögen und Giebel schmücken: geometrische Figuren, Fabelwesen (Beispiele: San Michele in Murato, Tour 24; Aregno, Tour 20; die Löwen in Lumio, Tour 20; Santa Maria Assunta in Canari, Tour 28). Unter byzantinischem Einfluß steht die Kapelle San Michele in Castirla (Tour 12).

Eine zweite Periode der Reife macht die Architektur etwas komplizierter. Die ehemalige Kathedrale des Nebbio bei Saint Florent (Tour 24 und 25) ist dafür ein Beispiel: Weißer Kalkstein fand Verwendung, und zahlreiche Steinmetzarbeiten, blinde Bögen sowie eine Statue der Jungfrau mit Jesus schmücken die Kirche. Auch bunte Steine wurden verarbeitet: dunkelgrüner Serpentin sowie weiße Steine mit rosa oder gelben Nuancen (siehe Aregno, Tour 20). Dieser Baustil wurde häufig bis ins 15. Jh. beibehalten.

Festungen und Wehrbauten
Die vielen befestigten Gebäude auf der Insel sind aus den häufigen inneren und äußeren Konflikten, die die Geschichte Korsikas geprägt haben, entstanden.
Die Republik Genua verstärkte das Verteidigungssystem der Städte, baute Bastionen (Wachtürme) und Wehrmauern. Die Kontrolle des Meeres wurde von Einzeltürmen aus organisiert, den berühmten **»Genuesertürmen«** (*tour génoise*). Die Genuesertürme wurden ab 1530 gebaut. Von 90 Türmen stehen heute noch 67. Sie dienten zur Überwachung der von der See kommenden Feinde, hauptsächlich »Sarazenen« oder »Turchi«.
Später wurden zusammenhängende architektonische Wehrbauten entwickelt, wie u. a. die Festungen (*citadelle*) in Calvi, Ajaccio, Bonifacio oder Bastia. Das alles verleiht der Insel eine originale und besonders reiche Auswahl an Befestigungssystemen.
Die Festung in Calvi (siehe Tour 18 bis 20) wurde auf einem nackten Felsvorsprung, der ins Meer hineinragt, in einer idealen Lage zur Verteidigung angelegt. Aus dem Mittelalter stammt nur der rechteckige Turm (*tour carrée*). Diese Anlage besteht aus einem in die Länge gezogenen Sechseck, links und rechts vom Eingangstor von zwei Bollwerken flankiert.

Barock
Ende des 16. Jh. bestimmt die Gegenreform auf Korsika eine neue Richtung der religiösen Architektur: Es wird eher schlicht und einfach gebaut. Ein Beispiel hierfür ist die Kirche in Lunghignano (siehe Tour 20).
Ab dem 17. Jh. jedoch entfaltete sich der »blühende Barock«, zuerst im Norden, wie in Bastia, dem Sitz der Regierung (siehe Tour 26 und 27). Es handelt sich um einen von Italien beeinflußten Barock mit großen Kirchen, Fassaden aus hellgelbem Stein, wie in Ortiporio (Tour 15), mit Bögen, Säulen und Kapitellen (Beispiele: Muro, Tour 21; Piana, Tour 14; Pino, Tour 28). Die Innenräume wurden reich ausgeschmückt mit Marmor, Stuck, Goldverzierungen, Illusionsmalerei (»Trompe l'oeil«) und geschnitzten Möbeln (Kanzeln).
Campanile, einzeln stehende Kirchtürme, ragen überall auf Korsika in den Himmel, als ob sie mit den Bergspitzen konkurrieren wollten. Über ihre Entstehungsgeschichte wird berichtet: Die Gemeinden bauten erst die Kirche. In den ärmeren Dörfern wurden oft die Glocken an einen Baum gehängt. Unter den Dorfbewohnern durfte nicht vom Kirchturm gesprochen werden, weil er noch nicht gebaut werden konnte, aber alle hofften, ihn eines Tages zu sehen. Erst später errichteten die Einwohner dann einen Kirchturm, den Campanile.
Einer der berühmtesten steht in Porto, er ist 45 Meter hoch! Der einst mächtige von Aregno (Tour 20) ist leider verschwunden! Ursprünglich aus Granitsteinen gebaut, z. B. in Lunghignano (Tour 20), wurden die Türme später verputzt (z. B. in Sainte-Lucie-de-Tallano, Tour 3).

In schönem Kontrast zum Blau des Meeres steht der weiße Turm des Klosters Pisacce im Norden der Insel.

Tourenbeschreibungen

1 Von Porto-Vecchio zur Küste von Palombaggia

Porto-Vecchio – Palombaggia – Porto-Vecchio

 Ausgangsort
Porto-Vecchio

 Tourenlänge
20,9 km

 Durchschnittlicher Zeitbedarf
2 Stunden

 Steigung
150 m

 Wegcharakter
Ebene in der Umgebung von Porto-Vecchio, hügelig

 Interessantes am Weg
Befestigungsanlage von Porto-Vecchio; Flußmündung (Stabiacciu) mit Salinen; Küsten- und Strandlandschaft »Palombaggia«

 Eignung für Kinder
Für Kinder ab 12 Jahren geeignet; abseits der N198 ist die Strecke (mit großer Vorsicht!) für Kinder ab 5 Jahren geeignet

 Besondere Ausrüstung
Kopfbedeckung (evtl. Helm), Brille, Getränke, Badesachen

 Varianten
In Piccovaggia links abbiegen Richtung Punta di a Chiappa (schlechter Weg), sechs Abzweigungen zum Strand

 Geeignetes Kartenmaterial
Karte IGN Nr. 74: Corse du Sud

Porto-Vecchio wurde im Jahre 1539 von den Genuesern als Hafen und Befestigung an der südöstlichen Küste Korsikas gegründet. Der Hafen, der am Ende einer tiefen Bucht liegt, konnte von einer auf einem 70 Meter hohen Granitfelsen errichteten Befestigung beschützt werden. Reste dieser Anlage bilden das »Genuesische Tor«.

Anfang des 20. Jahrhunderts begann die Ausdehnung der Ortschaft längs der Straße Bastia – Bonifacio. Heute ist Porto-Vecchio eine kleine Küstenstadt mit einem großen Jachthafen und regem Fremdenverkehr in der Hochsaison von Juli bis August.

Sie starten am Parkplatz beim alten Hafen und fahren Richtung Bonifacio (D 768) auf dem »Chemin (Weg) de Mazetta« ab; dann auf der N 198 links Richtung Bonifa-

Alte Treppe in Bonifacio.

Palombaggia besitzt eine der schönsten Küstenlandschaften Korsikas.

cio. Die »Nationale« führt durch **Kork-eichenbestände**. In der Umgebung von Porto-Vecchio befindet sich der größte Korkeichenwald Korsikas. Er umfaßt ca. 8000 ha. Die Rinde der Korkeiche besteht aus zwei Schichten. Nur die äußere wird alle 8–12 Jahre abgeschält.

Nach 2,2 km links abbiegen in Richtung »Hippodrome« und »Plage (Strand) de Palombaggia«. Die Straße führt rechts am **Sumpfgebiet** der Mündung des **Flusses Stabiacciu** entlang, wo heute noch ungefähr 2 ha **Salinen** bewirtschaftet werden. Bis Ende des Zweiten Weltkrieges war dieses Gebiet von Malariamücken verseucht. Von der Straße, die um die **Punta di u Cerchiu** (323 m) herumführt, hat man einen schönen Blick auf die Bucht von Porto-Vecchio, die alte Stadt und die Bucht von Stagiolu. Der Weg kringelt sich

Fischerboote in Porto-Vecchio.

Küste bei Palombaggia.

dann weiter südwärts durch Kiefern- und Pinienbestände nach **Piccovaggia**.
Nach diesem kleinen Ort erscheint auf der östlichen Seite eine der schönsten Küsten- und Strandlandschaften Korsikas: Bei **Palombaggia** finden Sie Pinien- und Kiefernwald (*pin parasol*; wörtlich: Sonnenschirmkiefer), türkisblaues Meer, hellen und feinen Sand und rote Granitfelsen (Bademöglichkeit). Von hier geht die Sicht auf die **Inseln Cerbicale** (Naturschutzgebiet).
In der nächsten Ortschaft **Bocca di l'Oru** rechts abbiegen in Richtung Porto-Vecchio. Die kleine Straße stößt dann auf die N 198; dort rechts nach Porto-Vecchio. Vor der Stadt rechts abbiegen auf die

D 768 »Chemin de Mazetta« und zurück zum alten Hafen und Parkplatz.

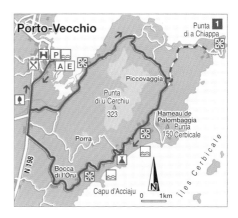

25

2 Von Sartène nach Grossa

Sartène – Campomoro – Grossa – Sartène

 Ausgangsort
Sartène

 Tourenlänge
47,5 km

 Durchschnittlicher Zeitbedarf
4,5 Stunden

 Steigung
738 m

 Wegcharakter
Abfahrt auf der N 196, Küstenlandschaft, Rückfahrt durch die Berge (Grossa 400 m)

 Interessantes am Weg
Sartène (Altstadt, Rathaus, Kirche); Belvédère; Grossa; Steinzeitsiedlung von Alo Bisuje

 Zu beachten
Wenig Vegetation, wenig Schatten

 Eignung für Kinder
Der Abstecher nach Campomoro ist (mit großer Vorsicht) für Kinder ab 5 Jahren geeignet

 Besondere Ausrüstung
Kopfbedeckung (evtl. Helm), Getränke, Brille, Badesachen und Verpflegung

 Varianten
Abstecher bis Campomoro

 Geeignetes Kartenmaterial
Karte IGN Nr. 74: Corse du Sud

Sartène, die »korsischste« Stadt Korsikas, wurde von den Genuesern im Jahre 1507 an der Stelle eines schon bestehenden Dorfes gegründet und 1520 mit einer Befestigungsmauer umgeben. Im Jahre 1583 eroberte Hassan Pascha, König von Algier, die Stadt und entführte 300 Einwohner in die Sklaverei. Im 19. Jh. entbrannte eine Vendetta zwischen zwei großen Familien

der Stadt, die aus den Vierteln Santa Anna und Borgo entstammten. Der Kampf dauerte 10 Jahre!

Zu den Sehenswürdigkeiten der alten Stadt gehört die **Place de la Libération** (Piazza Porta): Im Schatten von Ulmen und Palmen wickelt sich das Leben in den Cafés und auf dem Markt ab. Die Barockkirche **Sainte Marie** wurde mit roten Granitsteinen gebaut. Links vom Haupteingang hängen das Kreuz und die roten Ketten eines »Catenacce« (Büßers), der an der Karfreitagsprozession teilnimmt. Der Altar besteht aus polychromen (bunten) Marmorsteinen aus der Toskana und wurde im 17. Jahrhundert errichtet. Das **Rathaus** (*mairie*) ist der frühere Palast der Gouverneure der genuesischen Republik. An der Fassade kann man das Wappen der Stadt sehen. Auch das **Altstadtviertel Santa Anna** sollte man besichtigen! Aus der Stadt hinausfahren Richtung Propriano auf der N 196. Die »Nationale« (Achtung: reger Verkehr!) folgt dem Tal des Flusses Rizzanese. Nach 13 km an der *Brücke Rena Bianca* links abbiegen auf die D 121. Die etwas ruhigere Straße führt an der Küste entlang mit kleinen Buchten und klarem Wasser. Die Gemeinde Cam-

Am Wegesrand: eine korsische Eidechse.

pomoro-Belvédère schützt seit einigen
Jahren diese Landschaft mit Hilfe des französischen Staates (Conservatoire du Litto-
ral). Den Strand errreichen Sie bei **Portigliolo.**
Ein Abstecher zum alten Fischerdörfchen
Campomoro wird empfohlen: Dort steht
ein genuesischer Turm mit sternförmigem
Grundriß, der besichtigt werden kann. Zu
beachten sind auch die Eukalyptusbäume.
In der Ortschaft **Belvédère** in Richtung
Sartène (D 21) weiterfahren. Es geht hinauf in eine dürre Berglandschaft bis zum
Dorf **Grossa**, dem Geburtsort des Giovanni della Grossa, Chronist und Legen-
denschreiber aus dem Mittelalter. Kurz
hinter dem Ort befindet sich rechts eine
romanische Kirche aus dem 12. Jahrhundert: **San Giovanni Battista.** 2 km nach
Grossa an der Kreuzung rechts Richtung
Sartène (D 21) abbiegen. Kurz danach
kann man einen Felsvorsprung entdecken,
der schon in der Bronzezeit bewohnt war:
Alo Bisuje. Eine doppelte Wehrmauer
aus dem Mittelalter besteht noch.
Rückfahrt nach Sartène auf der D 21; an
der Kreuzung mit der D 48 links, bis zur
N 196, hier links abbiegen und bis nach
Sartène fahren.

**Das Farbenspiel von Stein und Wasser
prägt Korsikas Küste.**

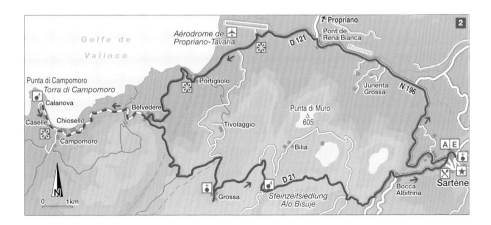

3 Von Zonza durch das Alta-Rocca-Gebiet

Zonza – Castellu di Cucuruzzu – Sainte-Lucie-de-Tallano – Zonza

 Ausgangsort
Zonza

 Tourenlänge
53 km

 Durchschnittlicher Zeitbedarf
5 Stunden

 Steigung
830 m

 Wegcharakter
Straßen durch das Plateau von Levie und das Tal des Rizzanese

 Interessantes am Weg
Zonza, das Herz des Alta-Rocca-Gebietes; Plateau (Pianu) de Levie: Castel (Befestigung) de Cucuruzzu und Capula-Museum des Départements; Saint-Lucie-de-Tallano (Pfarrkirche); Quenza

 Zu beachten
Starke Steigungen, nur manchmal Schatten

 Eignung für Kinder
Strecke vom Piattone-Paß zum Castel de Cucuruzzu ab 5 Jahren geeignet

 Besondere Ausrüstung
Kopfbedeckung (evtl. Helm), Getränke, Brille, Badesachen und Verpflegung

 Geeignetes Kartenmaterial
Karte IGN Nr. 74: Corse du Sud

Pass befindet sich »La casa de l'Alta Rocca«, ein Informationsbüro des Naturschutzgebietes.

Aus Zonza hinausfahren auf der D 268 Richtung San-Gavino-di-Carbini. In der Ortschaft **San-Gavino-di-Carbini** (Kirche!) geradeaus nach Levie auf der D 268.

In **Levie** befindet sich das Museum des Départements: Alle Funde der Ausgrabungen des Plateaus aus der Stein-, Bronze- und Eisenzeit werden hier ausgestellt: Waffen, Geschirr und Töpfereien.

Im Wald bei Levie.

Sie starten in **Zonza**. Die kleine, terrassenförmig angelegte Stadt über dem Asinao-Tal liegt mitten in Edelkastanien-, Kiefern- (*pin laricio*: Korsische Schwarzkiefer) und Steineichenwäldern. Richtung Bavella-

Das Plateau von Levie ist eine alte Kulturlandschaft.

In Levie geradeaus Richtung Sainte-Lucie-de-Tallano (Santa-Lucia-di-Tallano) auf der D 268 weiterfahren (nicht direkt nach Cucuruzzu fahren, der Weg ist mit dem Rad nicht befahrbar!). Ungefähr 3 km weiter, am *Piattone-Paß*, rechts abbiegen Richtung Castellu di Cucuruzzu.

Das **Plateau von Levie** liegt im Herzen des Alta-Rocca-Gebietes. Zahlreiche Mauern, die Parzellen abgrenzen, sowie Edelkastanienbestände zeugen von langer menschlicher Tätigkeit. Auf einem größeren Hügel erblickt man bald die **Castelli di Cucuruzzu und Capula**. Bei Ausgrabungen fanden sich hier Zeugnisse aus

der Bronzezeit. Zu sehen sind Reste einer mittelalterlichen Burg: Zyklopenmauern, in Fels gehauene Treppen, Spuren einer Rotonde (Rundbau), deren Zweck nicht geklärt werden konnte, sowie Gewölbe und Vorratskammern. 1,5 km enfernt davon, gegenüber der Kapelle Saint Laurent, befindet sich der Eingang zu einer anderen Festung: **Capula**. Die mittelalterliche Ruine steht auf drei sich folgenden Besiedlungsschichten: Bronze-, Eisen- und römische Kaiserzeit. Die Burg wurde 1529 zerstört.

Zurückfahren zur D 268, rechts nach **Sainte-Lucie-de-Tallano** abbiegen. Am Eingang der Ortschaft befindet sich links das **Kloster** (couvent) **Saint François**, das 1492 gegründet wurde. Saint-Lucie-de-Tallano ist berühmt für seine **Kugel-dioritsteinbrüche.** Das Kriegerdenkmal wurde auf einem Sockel aus diesem Material errichtet. Nicht weit von der Pfarrkirche (Kreuzigungsaltar) entfernt steht eine **»Casa Forte«**, ein befestigtes Haus. Dieses eckige Gebäude diente den Einwohnern als Zuflucht, wenn sie angegriffen wurden.

Aus dem Ort wieder hinausfahren Richtung **Zoza** (nicht Zonza!) auf der D 20. Durch Zoza weiter auf der D 20 hindurchfahren bis zum **»Ponte vecchio«** (alte Brücke) über den Fluß Rizzanese. Hier gibt

es eine Bademöglichkeit: Auf der einen Seite befindet sich ein Wasserfall, und auf der anderen führt ein Pfad bis zum Fluß. Von hier auf der D 20 weiterfahren Richtung **Sorbollano**. Vor der Ortschaft rechts abbiegen auf die D 420 nach Quenza.

In **Quenza** hat man eine schöne Aussicht auf die **Felsnadeln von Bavella**. In der Kirche steht ein geschnitzter Holzaltar. In der **Kapelle Sainte Bernadette** kann man Holzmalereien aus dem 16. Jh. sehen. Im Winter ist Quenza ein beliebter Langlauftreff.

Von Quenza auf der D 420 nach Zonza zurückfahren.

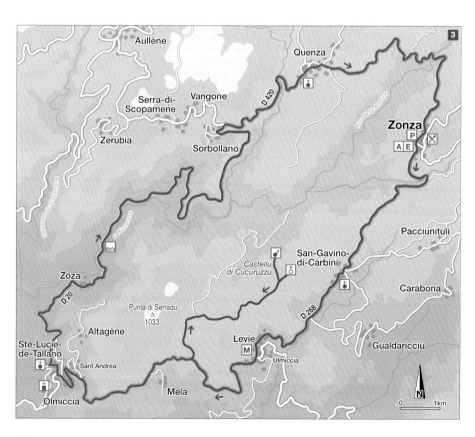

4 Von Propriano zu den Fundstätten von Filitosa

*Propriano – Bains de Baraci – Olmeto –
Sollacaro – Filitosa – Propriano*

 Ausgangsort
Propriano

 Tourenlänge
KM 43 km

 Durchschnittlicher Zeitbedarf
4 Stunden

 Steigung
720 m

 Wegcharakter
Talstraße, dann Berge und Paß (583 m); Bergabfahrt ins Taravotal und Küstenlandschaft

 Interessantes am Weg
Propriano und der Valincogolf; Thermalbäder von Baracci; Olmeto; Sollacaro; Filitosa, größte Fundstätte prähistorischer Ausgrabungen auf Korsika

 Zu beachten
Hitze und Bergstrecken!

 Besondere Ausrüstung
Kopfbedeckung (Helm?), Brille, Getränke, Verpflegung, Badesachen

 Varianten
Auf der N 196 direkt nach Olmeto

 Geeignetes Kartenmaterial
Karte IGN Nr. 74: Corse du Sud

Sie starten in **Propriano** am Hafen. Bereits Ende des 2. Jh. v. Chr. soll es an dieser Stelle eine Siedlung gegeben haben. Über lange Zeit wurde Handel mit Afrika und Spanien getrieben. Aber so richtig in Schwung gekommen ist die Stadt, im Vergleich zu den umliegenden Orten, erst seit dem Bau des Jacht- und Fährhafens. Heute ist Propriano ein Zentrum des Fremdenverkehrs.

Auf der N 196 geht es Richtung Ajaccio. Nach ungefähr 1 km rechts abbiegen auf die D 257 Richtung **Bains de Baraci**, ein Thermalbad mit salz- und schwefelhaltigem Wasser (52 ° C), das seit dem Altertum bekannt ist. Das Wasser soll Gicht und Rheuma heilen. Nach 2,5 km führt die D 257 links über den Baraci-Fluß in die Berge nach Olmeto durch eine schöne Landschaft mit Olivenbäumen. Die Straße bleibt unterhalb von Olmeto bis zur Kreuzung mit der N 196. Hier rechts abbiegen nach **Olmeto**. Im Dorf kann man **Granithäuser** sehen und eine Burgruine östlich auf einer Spitze entdecken.

Aus Olmeto hinausfahren auf der N 196 Richtung Ajaccio. Am *Col de Celaccia* links abbiegen auf die D 302 nach **Sollacaro**, ein Zufluchtsort für die Küstenbewohner bei »Piratenalarm«. Hier stehen **Burgruinen.** Sie fahren durch die Ortschaft und dann Richtung Filitosa, das

Der Golf von Propriano. Bereits Ende des 2. Jh. v. Chr. soll es an dieser Stelle eine Siedlung gegeben haben.

heißt kurz hinter dem Dorf links abbiegen auf die D 57.

Filitosa ist eine prähistorische Fundstätte mehrerer Kulturen: In der Jungsteinzeit bis 6000 v. Chr. waren diese Menschen Sammler und Hirten und wohnten in Höhlen (*tafoni*). Später errichteten sie Hütten auf Gipfeln und Hügeln.

Die Menschen der Megalithkultur um 3500 v. Chr. bestatteten ihre Toten mit großen Steinen in Gruften (Dolmen) und stellten nicht weit davon Menhire, Kultsteine, auf. Später errichteten sie menschenähnlich geformte Steine, sogar richtige Statuen mit Schultern und Wirbelsäulen, die Waffen (Schwerter und Messer) trugen. Aus der torreanischen Kultur existieren noch Befestigungsanlagen aus Zyklopenmauerwerk, sogenannte »Torre«, ungefähr 6 – 8 m hoch. In der Ausgrabungsstätte kann man verschiedene Bauwerke dieser Kulturen (Tumulus, Oppidum, Kultstätten) und Reste einer Siedlung besichtigen. Übrigens, der beste Moment ist mittags, weil das Sonnenlicht am günstigsten steht. Vergessen Sie nicht das Museum!

Aus Filitosa hinausfahren auf der D 57 dem **Taravo-Tal** entlang Richtung Meer. Nach ca. 4 km links abbiegen auf die D 157 Richtung Propriano. Die Straße führt an der Küste entlang und bietet einen schönen Blick auf den Valincogolf. Zwei Genue서türme (*Micalona* links und etwas weiter *Calanca* rechts) kann man von der Straße aus entdecken. Hier gibt es mehrere Bademöglichkeiten im Meer, um etwas Frische zu genießen. Nach einer leichten Steigung stößt die D 157 wieder auf die N 196: rechts abbiegen und nach **Propriano** zurückfahren.

Am Strand bei Propriano.

Einsam steht eine tote Laricio-Kiefer in der Landschaft.

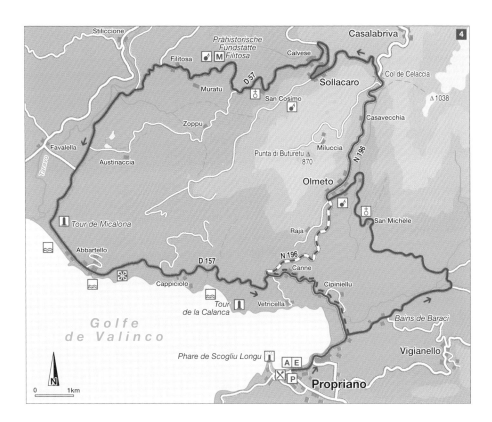

5 Von Ajaccio zum Schloß La Punta

Ajaccio – Mezzavia – Listincone-Paß – Pruno-Paß – Schloß La Punta – Ajaccio

 Ausgangsort
Ajaccio

 Tourenlänge
40,5 km

 Durchschnittlicher Zeitbedarf
3,5 Stunden

 Steigung
880 m

 Wegcharakter
Zahlreiche Steigungen, ein Paß und eine kurze, aber heftige Auffahrt (La Punta)

Interessantes am Weg
Ajaccio; am Listincone-Paß schöne Aussicht auf den Golf von Lava und von Ajaccio; Schloß La Punta

 Zu beachten
Bei der ersten Steigung steht morgens die Sonne im Rücken, und die Vegetation wurde 1994 von einem Waldbrand zerstört: Es ist heiß und trocken

Besondere Ausrüstung
Getränke und Verpflegung, Kopfbedeckung (evtl. Helm), Brille

 Varianten
Vom Listincone-Paß bis zum San-Bastiano-Paß fahren (5 km und 179 m Höhenunterschied)

 **Geeignetes Kartenmaterial**
Karte IGN Nr. 74: Corse du Sud

Ajaccio war eine römische Kolonie in der Kaiserzeit (heutiges Saint-Jean-Viertel). 1492 wurde die Stadt von Genuas Bank des heiligen Georg gegründet: Etwa 100 ligurische Familien siedelten hier an. Napoleon Bonaparte, der aus Ajaccio stammt, hat die Stadt 1811 durch Dekret (kaiserlichen Erlaß) zur Hauptstadt Korsikas gemacht. Zu den Sehenswürdigkeiten zählen die **Kathedrale** (Renaissance), **Napoleons Geburtshaus,** das **Napoleon-Museum,** das **Fesch-Museum** (italienische Malerei), das **A Bandera-Museum** (Geschichte Korsikas) und das **Landhaus der Familie Bonaparte: les Milelli**.

Sie starten in **Ajaccio** am Hafen (Parkplatz). Aus der Stadt hinausfahren auf der N 193 (*Quai l'Herminier, Boulevard Sampiero*). Nach ca. 3 km links abbiegen auf die N 194 Richtung **Mezzavia**. Den Ort durchqueren, dann links abbiegen auf die D 81 Richtung Calvi. Die Straße folgt einem Tal, in dem 1994 die ganze Vegetation durch einen Waldbrand verwüstet wurde. Auf der rechten Seite liegt **Afa,** ein Dorf, in dem sich einer der bekanntesten lebenden Bildhauer niedergelassen hat, Noël Bonardi. Seine Werke kann man in Ajaccio bewundern: das Denkmal des französischen Widerstands gegenüber der Place Foch und die Statue der »Pudeur«

Felsen im Meer bei Porticcio.

(Verschämtheit). Auf derselben Seite kann man auch etwas weiter einen großen Felsgipfel erblicken, den **Monte Gozzi.** Dann weiter bis zum *Listincone-Paß* Als **Variante** bietet sich die Hin- und Rückfahrt zum San-Bastiano-Paß (5 km und 179 m Höhenunterschied). Von dort aus hat man einen weiten Blick auf den Golf von Liscia, die Stadt Cargèse, die Berge Monte Cinto (höchster Gipfel Korsikas, 2710 m) und den Paglia Orba.
Am Listincone-Paß links abbiegen auf die D 61. 8 km weiter kommt der **Col de Pruno** mit schattigen und wohlriechenden Eukalyptusbeständen. Hier an der Kreuzung rechts abbiegen Richtung Punta, Pozzo di Borgo, **Château (Schloß) de**

la Punta. Nach 6,5 km und etwa 450 m Höhenunterschied erreichen Sie das Schloß der Familie Pozzo di Borgo und das Familiengrabmal. Die Besonderheit des Schlosses: Es stand zuerst im Park der Tuilerien in Paris. Nach einem Brand wurde es Stein für Stein abgebaut, nach Korsika verfrachtet und 1891 wieder neu errichtet. Die Abfahrt zurück zum Pruno-Paß ist steil: Sie benötigen gute Bremsen und sollten vorsichtig sein! An der Kreuzung rechts abbiegen auf die D 61. Rechter Hand (Schild) liegt das von uralten Olivenbäumen umgebene **Landhaus der Familie Bonaparte, les Milelli.**
Auf der D 61 geht es zurück nach Ajaccio zum Hafen.

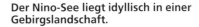

Der Nino-See liegt idyllisch in einer Gebirgslandschaft.

6 Am Golf von Liscia

La Liscia – Casaglione – Sari-d'Orcino – La Liscia

 Ausgangsort
La Liscia

 Tourenlänge
40 km

 Durchschnittlicher Zeitbedarf
3,5 Stunden

 Steigung
520 m

 Wegcharakter
Am Anfang 4,5 km ebene Strecke, dann Berge und ein fast ebenes Plateau; Abfahrt nach La Liscia

 Interessantes am Weg
Küstenlandschaft (Felsen und Strand) mit Genuesertürmen; Oliven-, Mandel-, Edelkastanien- und Feigenbäume auf Terrassen; Casaglione; Sari d'Orcino

 Zu beachten
Verhältnismäßig leichte Tour, aber schlechte Straßen

 Eignung für Kinder
Anfang der Strecke am Golf von Liscia (mit großer Vorsicht) ab 5 Jahren geeignet

 Besondere Ausrüstung
Kopfbedeckung (evtl. Helm), Brille, Getränke, Verpflegung, Badesachen

 Varianten
In Casaglione zum Dolmen von Tremica und zur prähistorischen Fundstätte (50 Min. hin und zurück)

Geeignetes Kartenmaterial
Karte IGN Nr. 74: Corse du Sud

Der Golf von La Liscia (benannt nach dem Fluß) erstreckt sich vom südlichen Genueserturm von Ancone bis zum nördlichen Genueserturm von Capigliolo. Fel-

senküste und Strand wechseln sich ab. Es gibt sehr schöne Bade-, Schnorchel- und Tauchmöglichkeiten.
Sie starten in **La Liscia** (Parkplatz). Von hier losfahren auf der D 81 Richtung Sagone (nordwärts) und das kleine Seebad **Tiuccia** durchqueren. Oberhalb von Tiuccia steht die Ruine der letzten Burg der Herren von Cinarca: Capraja. Weiterfahren auf der D 81 am **Turm von Capigliolo** vorbei. Ca. 1 km weiter rechts abbiegen auf die D 25 Richtung Casaglione. Die Straße führt in die Berge durch Edelkastanienwälder, vorbei an Olivenbäumen, Steineichen und Weiden (die nicht immer so grün wie in Deutschland sind). Die vom Meer entfernten Dörfer liegen in einer Höhe zwischen 400 und 600 m. In **Casaglione** lohnt die romanische Dorfkirche mit einem Gemälde der Kreuzigung einen Besuch. Am Fuße des Kreuzes wurde der Gönner abgebildet. Es stammt aus einem Franziskanerkloster. Ein Abstecher führt links hinter der Kirche hinauf zum Monte Lazzo und zum **Dolmen von Tremica**. Hier haben sich Menschen in der späteren Steinzeit niedergelassen.
Aus Casaglione auf der D 25 Richtung Ambiegna und Sari-d'Orcino fahren. Vor Ambiegna (Abzweigung nicht verpassen!) rechts abbiegen auf die D 1 nach Sari-d'Orcino.

Alte Tür am Wegesrand.

Zwei Weiler bilden das terrassenförmig zwischen Weinbergen und verwilderten Zedratzitronenpflanzungen angelegte Dorf **Sari-d'Orcino**. Die Zedrat ist eine Citrusfrucht aus dem Mittelmeerraum, die als Gewürz und zur Likörherstellung verwertet wird. Vom Ende der Terrasse vor der Kirche hat man einen schönen Ausblick auf den Golf von Sagone (siehe Tour 9) und das Lisciabecken. In der einst romanischen **Kirche San Marino** (zahlreiche Umbauten) befinden sich polychrome (bunt bemalte) Statuen vom heiligen Antonius von Padua und Franz von Assisi.

Sie fahren aus Sari-d'Orcino hinaus und auf der D 1 nach Cannelle. Vor dem Ort links auf der D 1 bleiben. **Cannelle** ist eine der kleinsten Gemeinden Korsikas, was die Einwohner (25) und die Fläche betrifft. Aus Cannelle hinausfahren auf der D 1 Richtung Sant'Andrea-d'Orcino und Calcatoggio. Kurz vor Sant'Andrea-d'Orcino stößt die D 1 auf die D 101 – hier links bleiben. Von **Sant'Andrea-d'Orcino** bietet sich ein schöner Ausblick auf die Lisciamündung. Auf der D 101 fahren Sie nach Calcatoggio. **Calcatoggio**, das wie ein Balkon angelegte Dorf, ermöglicht wieder einen herrlichen Ausblick auf das Lisciatal und Sagone.

Durch Calcatoggio fahren Sie auf der D 101 bis zur D 81, dort rechts abbiegen Richtung Liscia und Sagone und nach Liscia zurückkehren.

Zwei Weiler bilden das terrassenförmig angelegte Dorf Sari-d'Orcino.

7 Von Ghisonaccia ins Fiumorbo-Tal

Ghisonaccia – Prunelli-di-Fiumorbo – Ghisonaccia

 Ausgangsort
Ghisonaccia

 Tourenlänge
55 km

 Durchschnittlicher Zeitbedarf
5 Stunden

 Steigung
940 m

 Wegcharakter
Berglandschaft (Granit und Schiefer) mit beachtlichen Höhenunterschieden; kleine, schlechte Straßen; steile Abfahrten; Eßkastanien- und Korkeichenbestand, etwas höher gelegen auch Macchia

 Interessantes am Weg
Tal des Flusses Fiume Orbo

 Zu beachten
Steigungen! (wenig Schatten)

 Besondere Ausrüstung
Kopfbedeckung (evtl. Helm), Brille, Getränke, Verpflegung

 Varianten
Rückfahrt ab Diceppu links auf die D 545 über Abazzia nach Migliacciaru

 Geeignetes Kartenmaterial
Karte IGN Nr. 74: Corse du Sud

Ghisonaccia, der Ausgangsort dieser Tour, war früher **Sumpfgebiet.** Daher kommt die abwertende Endung »accia« (Malaria). Aus dem Ort südwärts hinausfahren Richtung Bonifacio und Solenzara auf der N 198. In **Migliacciaru** (nach 1,5 km) rechts abbiegen auf die D 145 Richtung Abbazıa. Durch **Abbazia** geradeaus Richtung Prunelli-di-Fiumorbo und Pozzio di Nazza auf der D 244 fahren. 1 km weiter links abbiegen auf die D 345 nach Prunelli-di-Fiumorbo. Serpentinenförmig führt die steile Straße durch Eßkastanien- und Korkeichenwälder. Der Name Fiume Orbo (fiume: Fluß, orbo: trübes oder blindes Wasser) bedeutet isolierte Hochgebirgstäler (Sackgassen). Diese Abgeschiedenheit ließ schon früh Widerstandsbewegungen entstehen, zum Beispiel 1769 gegen die Franzosen. Dieses Tal bot für Banditen lange eine gute Möglichkeit unterzutauchen. Kurz unterhalb von Prunelli an der Kreuzung rechts zum Ort abbiegen.
Prunelli-di-Fiumorbo ist ein terrassenförmig angelegtes Dorf. Es wird von einer **Wehrkirche** (Santa Maria Assunta) überragt. Man kann von hier aus die gesamte östliche Küste sehen. Auf derselben Straße aus Prunelli hinausfahren bis zur Kreuzung, aber geradeaus Richtung Isolaccio-di-Fiumorbo. Nach ungefähr 3 km in Maio links auf die D 45 abbiegen; 4 km bis **Piazzili** fahren. Hier links abbiegen auf die D 145 und bis Pietrapola fahren.
Pietrapola ist ein schon seit den Römern bekanntes **Thermalbad**. Das Wasser ist heiß und schwefelhaltig (es stinkt nach faulen Eiern!) und wirkt hauptsächlich gegen Rheumatismus. Das Kurhaus befindet sich am linken Ufer des Flusses Abatesco. Die Häuser wurden mit den üblichen Granitsteinen gebaut.
Aus dem Ort hinausfahren auf der D 145 Richtung Ghisonaccia und N 198 (Schild: »vers N 198«). Die Straße folgt dem Tal. Nach 3,3 km rechts abbiegen über den Fluß Abatesco auf die D 45 nach Serra-di-Fiumorbo.

Immer wieder bieten sich von der Strecke schöne Ausblicke auf die Küste.

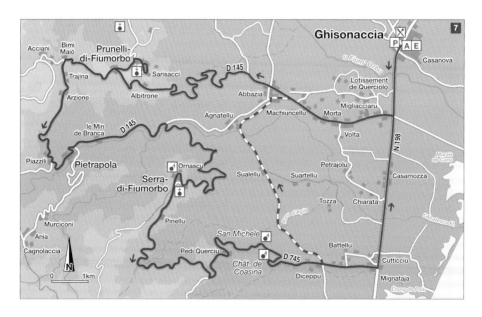

Torflandschaft im Hochgebirge (Nino).

Wieder führt die Straße in Serpentinen in die Berge. Kurz vor dem Dorf liegt der Weiler **Ornascu** mit rechteckigen Wehrtürmen. In **Serra-di-Fiumorbo** kann man von der Kirche aus einen schönen Ausblick auf die Küste genießen. Das Dorf durchqueren Sie auf der D 45. Linker Hand liegt dann der Berg Monte Cuchero.

In einer engen Kurve links abbiegen auf die D 745 Richtung Abbazia, Ghisonaccia und »vers N 198«. Während der steilen Abfahrt kann man rechts die Ruinen des **Château de Coasina** erblicken. Auf der D 745 durch **Diceppu** fahren, um wenig später auf die N 198 zu stoßen. Hier links abbiegen Richtung Ghisonaccia.

Wenn man die stark befahrene und ungemütliche N 198 vermeiden möchte, kann man in Diceppu links abbiegen und über Abbazia zurückfahren.

8 Von Sagone zum Kloster Saint François

Sagone – Vico – Kloster Saint François – Sagonetal – Sagone

 Ausgangsort
Sagone

 Tourenlänge
38 km

 Durchschnittlicher Zeitbedarf
3,5 Stunden

 Steigung
685 m

 Wegcharakter
Zuerst 4 km ebene Strecke, Steigung bis Cerasa (555 m); dann kleine Steigungen bis Vico; lange Abfahrt zurück nach Sagone

 Interessantes am Weg
In Sagone Ausgrabungen der ehemaligen Kirche Sant'Appiano; das Dorf Vico und das Kloster Saint François; die bergige Landschaft mit Eßkastanien, Steineichen, Olivenbäumen und Macchia

 Besondere Ausrüstung
Kopfbedeckung (evtl. Helm), Brille, Getränke, Verpflegung

 Geeignetes Kartenmaterial
Karte IGN Nr. 74: Corse du Sud

Der Golf von Sagone besteht aus den drei Deltamündungen der Flüsse Sagone, Liamone und Liscia. Das Ergebnis sind weite Strände mit hellem, feinem Sand. Die umliegenden Hügel sind mit Olivenbäumen und Macchia bewachsen.

Bereits zur Zeit der Römer war **Sagone** eine Siedlung. Ab dem 6. Jh. war es einer der ersten Bischofssitze auf Korsika. Im 12. Jh. wurde die Kathedrale Sant'Appiano errichtet, aber im 16. Jh. von Sarazenen zerstört. Alle Einwohner wurden verschleppt. In der folgenden Zeit versumpfte dieses Deltagebiet immer mehr, Malaria trat immer häufiger auf: Der Bischof zog nach Vico. Bald waren nur noch Ruinen zu sehen.

Bei Ausgrabungen (nördlich der Sagonebrücke, an einem nicht asphaltierten Weg) wurden Reste römischer Thermen, Grundmauern der alten Kathedrale und Reste einer Taufkirche (*baptistère*) aus dem 6. Jahrhundert freigelegt.

Aus dem Ort südwärts hinausfahren Richtung Ajaccio und La Liscia auf der D 81. Nach 4 km links abbiegen auf die D 56 Richtung Coggia. Die Straße führt in die Berge. Über den **Col Sant Alparte** fahren. Vor Coggia ganz links bleiben auf der D 56 und nach **Ceresa** fahren. Weiterfahren über **Appriciani,** um dann auf die D 70 zu stoßen. Rechts abbiegen auf die D 70 Richtung Vico. Am **Saint-Antoine-Paß** rechts abbiegen Richtung Vico, dann nach ungefähr 300 m links abbiegen.

Vico war früher ein befestigtes Dorf. Viereckige Wehrtürme wurden in die Häuser eingegliedert. Der Ort liegt auf einer Anhöhe, umgeben von Edelkastanien, Olivenbäumen und Weiden. Die Kirche Sainte Marie wurde nach dem oben erwähnten Umzug der Bischöfe Kathedrale. Östlich von Vico kann man den Berg **Punta la Sposata** (Spitze der Braut) erblicken. Nach einer Sage soll in den Umrissen des Berges die Silhouette einer jungen, aber verzauberten Braut zu erkennen sein.

Aus Vico auf der D 1 hinausfahren Richtung Kloster Saint François und Arbori. Das **Kloster Saint François** wurde 1482 von dem Grafen Gian Paolo Leca gegrün-

Enge Gassen prägen die Altstädte der korsischen Orte, hier in Sagone.

det und im 18. Jh. umgebaut. Jetzt wird es vom Oblatenorden bewohnt. In der Klosterkirche befindet sich ein Kruzifix, das nach volkstümlicher Schätzung älter sein soll als das Kloster. Es ist aus Holz geschnitzt und besonders beeindruckend: Die Christusfigur hat geschlossene Augen und hervortretende Rippen. Zu beachten ist auch ein Tabernakel aus buntem Marmor (1698).

Zurückfahren über Nesa bis zur D 70. An der Kreuzung links abbiegen auf die D 70 Richtung Sagone: Es folgen 13 km Abfahrt durch das **Sagonetal** bis zum Meer. Am Meer gibt es gute Badegelegenheiten – eine Erfrischung nach der Fahrt durch die Berge.

Strand bei Sagone.

9 Auf den Spuren der griechischen Siedler von Cargèse

Cargèse – Sagone – Rondulinu (Paomia) – Cargèse

 Ausgangsort
Cargèse

 Tourenlänge
34 km

 Durchschnittlicher Zeitbedarf
3 Stunden

 Steigung
560 m

 Wegcharakter
Küstenstraße mit leichten Steigungen, dann regelmäßige Steigung bis Pancone und zuletzt steile Abfahrt nach Cargèse

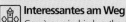 **Interessantes am Weg**
Cargèse: griechisch-orthodoxe und römisch-katholische Kirche; Sagone: Kathedrale Sant Appiano, Genueserturm; Rondulinu (Paomia): Kapelle und Ruinen der ersten griechischen Siedlung aus dem 16. Jh.

 Zu beachten
Kurze, relativ leichte Tour

 Besondere Ausrüstung
Kopfbedeckung (evtl. Helm), Brille, Getränke, Badezeug nicht vergessen

 Eignung für Kinder
Für Kinder ab 12 Jahren geeignet

 Varianten
Marina (Zugang zum Meer) in Cargèse; kurzer Abstecher zum Portu di Monaci (Hafen der Mönche)

 Geeignetes Kartenmaterial
Karte IGN Nr. 74: Corse du Sud

Tür der orthodoxen Kirche in Cargèse.

Sie starten in **Cargèse**, das einst eine griechische Kolonie war. Als die Einwohner der Stadt Colokythia auf dem Peloponnes vor den Türken fliehen mußten, bot ihnen Genua ein unbewohntes Gebiet am Golf von Sagone an. 1776 landeten 600 Griechen am Hafen von Monaci. Sie gründeten in den Bergen das Dorf **Paomia,** das heutige Rondulinu. Die Siedler rodeten den Wald und bauten Wein, Oliven und Obst an. Der bald entstehende Wohlstand und die vermeintliche Treue zu Genua brachten die korsischen Nachbarn aus Vico und dem Niolo-Tal dazu, 1729 das Dorf zu überfallen. 1732 flohen die Griechen nach Ajaccio. 1774 erhielten sie von Frankreich schließlich das Gebiet um **Cargèse.** 120 Häuser und eine Kirche wurden für 50 Familien gebaut. Etwas später mußten sie noch ein-

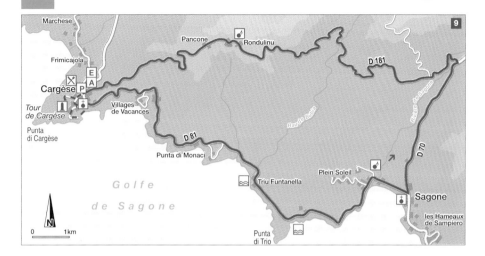

mal fliehen. Aufgrund dieser Verfolgungen bildeten die Griechen eine geschlossene Gemeinschaft mit eigener Sprache und Religion. Heute erkennt man die Nachkommen aber nur noch am Familiennamen.

Die **griechische Kirche** wurde von 1852 bis 1870 erbaut. Eine »Ikonostase« (eine

Cargèse wurde als griechische Kolonie gegründet.

Orthodoxe Kirche in Cargèse.

mit Heiligenbildern geschmückte Holzwand) trennt den Altar- vom übrigen Kirchenraum. Die vorhandenen Ikonen stammen teilweise noch aus Griechenland. Zu beachten ist die Ikone links aus dem 16. Jh.: Sie stellt Johannes den Täufer (Saint Jean Baptiste) dar. Am Eingang befindet sich ein Tafelbild aus dem 13. Jh.: Es zeigt die Grablegung Christi. Auf dem von Zürgelbäumen (*micocoulier*) bewachsenen Platz befindet sich gegenüber die **römisch-katholische Kirche**, die im 19. Jh. im spätbarocken Stil gebaut wurde. Von hier aus bietet sich eine schöne Aussicht auf den Golf von Sagone und Pero.

Aus Cargèse hinaus fahren Sie auf der D 81 Richtung Sagone. Die Straße folgt der Küste, an der sich Felsen und Strände abwechseln. Nach ca. 6 km liegt rechts die **Punta di Monaci** (Kap der Mönche). Ein Weg führt hinab zum **Portu di Monaci** (Hafen der Mönche), wo die ersten Griechen 1676 anlegten. Auf der Straße weiterfahren. Kurz vor Sagone liegt links der Genueserturm von Sagone.

In Sagone (siehe Tour 8) links abbiegen auf die D 70 Richtung Vico. Nach 5 km an dem *Pont (Brücke) de Travarca* auf die D 181 links abbiegen Richtung Cargèse, Rondulinu, Pacone. Die Straße ist eng und führt in die Berge. Weiter über den **Bocca Curnatoju** bis **Rondulinu.** Hier kann man noch Ruinen der ersten griechischen Siedlung entdecken: Häuser und die Kirche. Zwischen Rondulinu und Cargèse liegen die **Ruinen des Klosters Saint Martin** aus dem 13. Jh. Dann geht es mit einer steilen Abfahrt (Achtung!) zurück nach Cargèse.

10

10 Von Vivario zur Bergspitze Punta de l'Occhio Vario

Vivario – Punta de l'Occhio Vario – Venaco – Vivario

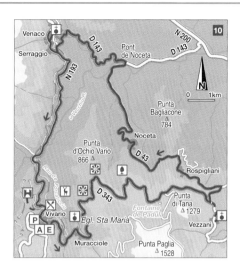

Ausgangsort
Vivario

Tourenlänge
40 km

Durchschnittlicher Zeitbedarf
4 Stunden

Steigung
860 m

Wegcharakter
Bergtour, das bedeutet Steigungen; durch Wälder und die Höhe bleibt es aber schattig und relativ frisch; zwei Quellen am Weg

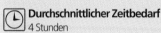
Interessantes am Weg
Alpine Waldlandschaft mit Korsischen Schwarzkieferwäldern (pin laricio), aber auch Eichen, Eßkastanien und Macchia; Aussicht an Punta de l'Occhio und Vivario

Besondere Ausrüstung
Kopfbedeckung (evtl. Helm), Brille, Getränke (Quellen am Weg), Verpflegung, Badezeug

Varianten
Abstecher nach Vezzani und bis Pasciolo, Festung bei Vivario

Geeignetes Kartenmaterial
Karte IGN Nr. 73: Haute Corse

Das Dorf **Vivario** liegt auf halber Höhe eines Felsentalkessels über dem Vecchiotal. Es ist umgeben von Wäldern aus Korsischen Schwarzkiefern, Eichen, Edelkastanien u. a. In diesen Wäldern leben Wildschweine – es gibt kaum noch echte, weil die zahmen Schweine frei herumlaufen und verwildern – und Mufflons (Wildschafe).

In Vivario können Sie zur Pasciolo-Festung (*fort*) gehen (20 Min. hin und zurück). Sie wurde 1770 von den Franzosen gebaut und später als Gefängnis genutzt.

Aus Vivario hinausfahren auf der N 193 Richtung Ajaccio und sehr bald links abbiegen auf die D 343 Richtung Muracciole und Vezzani.

Muracciole ist ein kleines Dorf inmitten von Edelkastanien und Terrassenanbau. Die Aussicht geht auf das Vecchio-Tal und das Massiv des Monte d'Oro. Aus Muracciole auf der D 343 hinausfahren. Links liegt die **Église Sainte Marie**, eine verlassene Kirche aus dem 13. Jh. mit Fresken aus dem 15.–16. Jh. Etwas weiter befindet sich eine Quelle in einer Grotte.

Auf der D 343 zum **Bocca di Murellu** fahren. Von hier aus kann man zu Fuß bis zur **Punta de l'Occhio Vario** gehen. Der Name bedeutet:»Die Bergspitze, von der das Auge einen abwechslungsreichen Blick hat«. Dies stimmt, die weite Aus-

Die Quelle von Padula liegt malerisch unter Schwarzkiefern.

sicht geht bei klarer Sicht auf 15 Dörfer, die Eiffelbrücke bei Vivario, Gebirgsmassive und Täler. Kurz vor dem Bocca d'Erbaju liegt die *Fontaine* (Quelle, Brunnen) *de Padula* malerisch unter Schwarzkiefern. Achtung: Herumlaufende Schweine sind manchmal aggressiv, weil sie leider an Touristenfütterung gewöhnt sind!

Nach dem Paß weiterfahren Richtung Vezzani. Kurz vor Vezzani links abbiegen auf die D 243 Richtung Rospigliani und Noceta. Ungefähr 1,3 km wieder links abbiegen auf die D 43 in die gleiche Richtung.

Ein Abstecher nach **Vezzani** lohnt: In dem Örtchen finden sich alte Häuser, schöne Türen und eine **Barockkirche** mit Schiefersteinfassade. Hier werden zur Aufforstung Schwarzkieferzapfen gesammelt.

Auf der D 43 geht es über **Rospigliani** (lange Abfahrt: 14 km), über den **Bocca di Croce** (Kreuz) und nach **Noceta**. Es

geht weiter bergab bis zum *Pont de Noceta*. Nach der Brücke links abbiegen auf die D 143 Richtung Venaco. Vor Venaco stößt die D 143 auf die N 193. Dort rechts abbiegen zum Dorf.

Venaco liegt in einem Gebiet, in dem Schafe und Ziegen gezüchtet werden. Es gibt sogar einen Naturpark für Mufflons. Der Schafskäse von Venaco ist berühmt. Im Ort sind die Pfarrkirche, Barockfassaden und alte Häuser aus Granitsteinen zu beachten.

Aus Venaco auf der N 193 (reger Verkehr!) Richtung Vivario und Ajaccio hinausfahren. 4,5 km vor Vivario überqueren zwei übereinandergebaute *Brücken* das Vecchio-Tal: eine Steinbrücke (1825 – 27) für die Straße und die 96 Meter hohe Stahlgerüstbrücke von Gustav Eiffel für die Bahn (1888). In Vecchio gibt es eine Bademöglichkeit. Von dort bis Vivario zurückfahren.

Vivario liegt auf halber Höhe eines Felsenkessels über dem Vecchiotal.

11 Dorfkirchen um Corte

Corte – Bustanico – Sermano – Tralonca – Corte

 Ausgangsort
Corte

 Tourenlänge
45 km

 Durchschnittlicher Zeitbedarf
4 Stunden

 Steigung
610 m

 Wegcharakter
Nach Süden orientierte Straßen in Landschaft mit steppenähnlicher Vegetation, das bedeutet Sonne und Hitze! Fahrt auf engen Bergstraßen und der verkehrsreichen N 193

 Interessantes am Weg
Corte: Zitadelle, Chapelle Sainte Croix, Église de l'Annociation; Kirchen mit Fresken in Favalello, Bustanico und Sermano

 Zu beachten
Sonne und Hitze

 Besondere Ausrüstung
Kopfbedeckung (evtl. Helm), Brille, Getränke, Verpflegung und Badezeug

 Varianten
Vor dem Collo di San Quilico links abbiegen nach Corte (schlechte Straße)

 Geeignetes Kartenmaterial
Karte IGN Nr. 73: Haute Corse

Burg und Altstadt von **Corte** (sprich: Corté) liegen auf einem Felsen 100 Meter über den Flüssen Tavignano, Orta und Restonica mitten in einem breiten Tal. Die Häuser der malerischen Altstadt sind aus dunklen Schiefersteinen und haben rote Ziegeldächer. Steile Gassen führen zur Festung und zur Burg hinauf. 1420 baute Vicentello d'Istria die erste Festungsanlage. Die heutige Festung wurde im 19. Jh. ausgebaut. Pascal Paoli, der Befreier Korsikas, ein aufgeklärter Staatsmann, wählte Corte zur Hauptstadt, zum Sitz der Regierung der korsischen Nation (1755 – 1769).

Sehenswert ist neben der **Chapelle de la Sainte Croix** (siehe Tour 12) und der **Église de l'Annonciation** die **Place Paoli**, ein malerischer Platz mit einer Bronzestatue von Paoli. Er liegt zwischen der Altstadt und den neueren Vierteln. Die **Festung** (*citadelle*) besteht aus zwei Teilen: Die mittelalterliche Burg (Turm und Wehrmauern) wurde von Vicentello errichtet, die Festung im Vauban-Stil stammt aus dem 18. und 19. Jh. Vom Belvédère der Burg hat man eine wunderbare Aussicht auf alle Täler und Berge der Region. In der Kaserne »Serruria« befindet sich das Heimatmuseum Korsikas.

Sie starten in **Corte** am Bahnhof Richtung Bastia. Nach der Brücke über den Tavignano rechts abbiegen auf die D 14 Richtung Favalello und Sermano. Die Straße führt auf dem linken Ufer des Flusses über Féo nach Favalello. Vor Favalello auf der D 14 bleiben. In **Favalello** lohnt die kleine Kirche mit erstaunlichen Fresken aus dem 15. Jh.

Sie fahren weiter Richtung Bustanico auf der D 215. In der Kirche von **Bustanico** befindet sich ein holzgeschnitzter bemalter Christus nach volkstümlicher Art, wahrscheinlich aus dem 18. Jh., mit expressivem Pathos: Er hat verdrehte Augen! Von hier ging der Widerstand gegen die Genueser 1729 los. Im Dorf links abbiegen auf die D 441 nach Sermano.

Sermano liegt hoch oben auf einem Berg. Gegenüber der Kirche führt ein Pfad zur **Kapelle San Nicolao** aus dem 8. Jh., in der Fresken aus dem 15. Jh. zu sehen sind. Nach der Besichtigung auf der D 441 zurückfahren bis zur Kreuzung mit der D 41. Dort biegen Sie links ab auf die D 41 nach **Santa-Lucia-di-Mercurio**. Achtung! Kurz vor dem Dorf rechts auf der D 41 bleiben. Sie fahren durch Santa Lucia (schöne Lage, Häuser mit Dächern aus Schieferplatten) nach **Tralonca**, einem typischen Dorf dieser Gegend. Hier hat 1996 die Pressekonferenz der Unabhängigkeitsbewegungen Korsikas stattgefunden. Weiterfahren auf der D 441 über den Paß *San Roccu* bis zum Paß **Collo di San Quilico.** Hier links abbiegen auf die N 193 (reger Verkehr!) bis Corte.

Als *Variante* können Sie kurz vor San Quilico links abbiegen und auf einer schlechten Straße nach Corte fahren.

Korsikas Wege führen immer wieder über alte Brücken, die zum Teil noch aus genuesischer Zeit stammen.

In der Kirche des Dorfes Bustanico befindet sich eine sehenswerte holzgeschnitzte Heilandsfigur.

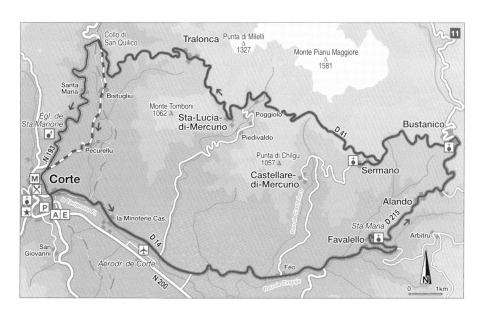

53

12 Von Corte nach Omessa

Corte – Soveria – Omessa – Castirla – Corte

 Ausgangsort
Corte

 Tourenlänge
35 km

 Durchschnittlicher Zeitbedarf
3,5 Stunden

 Steigung
490 m

 Wegcharakter
Kurze und reizvolle Tour, geeignet für Anfänger und Kinder (ab 12 Jahren); gute Straße; zwei Pässe, aber kein großer Höhenunterschied

 Interessantes am Weg
Corte (siehe auch Tour 11); die Dörfer Soveria (Kirche), Omessa (Kirche, Kapelle und Kloster) und Castirla (Kapelle San Michele)

 Zu beachten
Wenig Wald, daher mit Sonne und Hitze rechnen; reger Verkehr auf der N 193 bis Francardo

 Eignung für Kinder
Für Kinder ab 12 Jahren geeignet

 Besondere Ausrüstung
Kopfbedeckung (evtl. Helm), Getränke

 Varianten
Abstecher zum Monte Cecu

 Geeignetes Kartenmaterial
Karte IGN Nr. 73: Haute Corse

Soveria ist vollständig von Macchia umgeben.

zession (Granolita) findet hier jeden Gründonnerstag statt. Das Gotteshaus hat eine manieristische Fassade mit einem Glokkenturm. Innen ist sie geschmückt mit grauen Marmorfliesen aus dem Restonica-Tal. »Trompe l'oeil«-Effekte (illusionistische Malerei) finden sich im Tonnengewölbe des Schiffes und im Altarbild (Kreuzigung).

Sie starten am Bahnhof von **Corte** und fahren auf der N 193 Richtung Ponte Leccia und Bastia. Es geht über den *Col de Pentone* und den *Collo di San Quilico*. Nach ungefähr 2 km vor der Bahnunterführung links abbiegen auf die D 41 und dann gleich wieder links auf die D 18 A nach **Soveria**. Dieses auf einem Felsvorsprung gelegene Dorf mit einem hohen und schlanken Kirchturm ist leider nur noch von Macchia umgeben. Früher wuchsen hier grüne Weinberge und Obstgärten. Sie fahren wieder zurück zur N 193 und biegen links ab Richtung Bastia. Von der N 193 rechts abbiegen auf die D 818 und bis **Omessa**, dem »versteckten« Dorf, fahren (1,5 km). Die **Église Saint André** war ursprünglich ein Krankenhaus, das 1460 zur Kirche umgebaut

Die **Chapelle Sainte Croix** (Kapelle des heiligen Kreuzes) von **Corte** (siehe Tour 11) liegt oben an der »Rampe« Sainte Croix. Es ist eine Büßerkapelle; eine Pro-

wurde. Im 16. Jahrhundert wurde ein Kirchturm (Campanile) hinzugefügt. Im Inneren befinden sich Gemälde. Darunter ist eine Jungfrau mit Jesus beachtenswert. Hinter dem Brunnen auf dem Dorfplatz liegt die **Chapelle de l'Annonciade** (Kapelle der Verkündigung Mariä) mit einer Madonnenstatue aus dem 16. Jahrhundert. Über dem Dorf thront ein verlassenes Kloster.

Zur N 193 zurückfahren, rechts abbiegen nach Francardo. Vor Francardo links abbiegen auf die D 84 Richtung Castirla und Calacuccia. Hier führt die Straße am Fluß Golo entlang, in dem man baden kann. Vor dem **Ponte Castirla,** einer alten genuesischen Brücke, die auch Brücke des Teufels genannt wird, links abbiegen auf die D 18 nach Castirla. Vor Castirla liegt links 15 Min. Fußweg entfernt die frü-

romanische Kapelle **San Michele** auf einem Friedhof. Der Dachstuhl besteht aus Edelkastanienbalken. Zu beachten sind die Fresken (Wandmalereien) aus dem 15. Jahrhundert. Sie zeigen Christus mit den Aposteln.

Castirla hängt am Berg und bietet eine schöne Aussicht auf die granitroten Felsnadeln von Popolasca und das Dorf Castiglione (siehe Tour 13). Sie fahren weiter über den *Bocca d'Ominda*.

Variante: Gleich hinter dem Paß führt links ein schlechter Weg (1,5 km) zum **Monte Cecu**; auch dort gibt es ein herrliches Panorama.

Auf der D 18 fahren Sie nach Corte zum Bahnhof (Schilder: »gare«) zurück.

Vom Bergdorf Castirla bieten sich schöne Ausblicke auf die umliegende Landschaft.

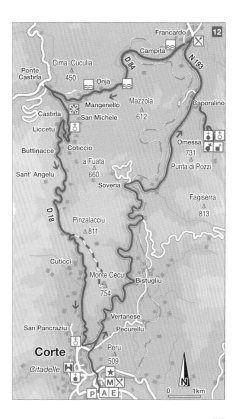

13

13 Von Francardo in das Popolasca-Gebirge

Francardo – Popolasca – Castiglione – Francardo

Ausgangsort
Francardo

Tourenlänge
18 km

Durchschnittlicher Zeitbedarf
2 Stunden

Steigung
450 m

Wegcharakter
Relativ kurze Tour, geeignet für Kinder und Anfänger; zuerst 9 km mit leichtem Gefälle (Golo-Tal, karge Vegetation), dann bergauf auf einer engen und schlechten Straße in eine Landschaft, die früher bewirtschaftet wurde, mit Edelkastanien, Kiefern und Terrassen am Weg

Interessantes am Weg
Rosa Felsnadeln von Popolasca (besonders schön, wenn die Sonne am späten Nachmittag dahinter steht), schöne alte Bergdörfer (Piedigriggio, Popolasca, Castiglione)

Eignung für Kinder
Für Kinder ab 12 Jahren geeignet

Besondere Ausrüstung
Getränke, Kopfbedeckung (evtl. Helm), Brille, Badesachen (Bademöglichkeit im Golo)

Varianten
Abstecher nach Piedigriggio (plus 1 km)

Geeignetes Kartenmaterial
Karte IGN Nr. 73: Haute Corse

Sie starten in **Francardo** und fahren auf der N 193 Richtung Ponte Leccia (Norden). Achtung: reger Verkehr bis Taverna

Die Felsnadeln von Popolasca bestehen aus Granit. Faszinierend ist das Farbenspiel im Stein.

(9 km)! In Taverna links abbiegen auf die D 18 nach Piedigriggio und Popolasca. Für einen lohnenswerten Abstecher können Sie nach ungefähr 3 km rechts abbiegen nach **Piedigriggio**. Es ist ein malerisches, von Terrassen umgebenes Bergdorf mit charakteristischen Granitsteinhäusern. Die **Dorfkirche** stammt aus dem 14. Jh., wurde jedoch oft umgebaut. In der Kirche sind zu beachten die Orgel und eine Statue von Sankt Michael. Sie fahren wieder zurück zur D 18 und biegen rechts ab. Rechts oberhalb der Straße auf einem Hügel befinden sich die Ruinen des **Castellu** (Burg) **di Serravalle**. Die enge Straße kringelt sich am Berg entlang mit Sicht auf die rosa **Felsnadeln von Popolasca**, die aus Granit bestehen. Sie biegen

rechts ab hinauf nach **Popolasca**. Das alte, aber renovierte Dorf liegt auf einem Felsvorsprung zwischen zwei Bergen. Interessant sind Hauseingänge und Gewölbe. Die **Dorfkirche**, die wie eine Wehrkirche aussieht, hat einen hohen Barockturm. Sehenswert ist auch die natürliche Grotte im Festsaal der Gemeinde (*salle des fêtes*).

Sie fahren wieder zur D 18 hinunter und biegen rechts ab Richtung Süden und Castiglione bis **Croce** (Kreuz, Kreuzung) **di Arbitru**. Hier steht ein altes Oratorium. An der Kreuzung abbiegen zum Dorf Castiglione. Es folgen 2,5 km Steigung (664 m – 720 m ü.d.M.). **Castiglione** liegt hoch über dem Tal. Nach einem Bericht von Ptolemäus wurde es auf einem römischen Lager gegründet. Das Dorf ist Ausgangspunkt für viele schöne Wanderungen in das Popolasca-Gebirge.

Wieder hinunterfahren zur D 18, rechts abbiegen Richtung Süden und **Ponte Castirla**. Diese Brücke ist eine alte genuesische Brücke mit drei Bögen, die auch Teufelsbrücke (Pont du Diable) genannt

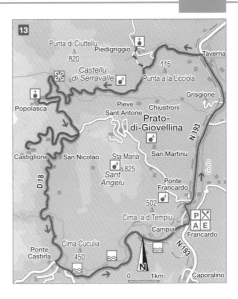

wird. Die Gründe dafür scheinen unbekannt zu sein.

Über die Brücke links abbiegen auf die D 84 zurück nach Francardo. Die Straße folgt dem Golo-Tal, in dem es Bademöglichkeiten gibt.

Blick von der Straße nach Piedigriggio.

14 Von Porto zu den Calanche-Felsen

Porto – Piana – Golfe d'Arone – Porto

  Ausgangsort
Porto

 Tourenlänge
52 km

 Durchschnittlicher Zeitbedarf
4,5 Stunden

 Steigung
480 m

 Wegcharakter
Steigung durch einen schönen, schattigen Wald, dann enge und viel befahrene Straße; hinter Piana Höhenstraße in Macchialandschaft; von Arona zurück Steigung

 Interessantes am Weg
Porto (Strand, Turm und Marina), „e Calanche" (Felsenlandschaft) und Arona

 Zu beachten
Von Porto bis Piana viel Verkehr

 Besondere Ausrüstung
Kopfbedeckung (evtl. Helm), Brille, Getränke, Badesachen

 Einkehrmöglichkeiten
In Piana und Arona

 Geeignetes Kartenmaterial
Karte IGN Nr. 73: Haute Corse

Porto ist eine kleine Ortschaft (nicht einmal eine Gemeinde!) an der Westküste Korsikas, mitten in einem großen Golf an der Mündung des Flusses »Porto«. Dieser Golf wird von steilen roten Granitklippen begrenzt, die in das Meer zu stürzen scheinen. Bei Sonnenuntergang ist der **Farbenkontrast** zwischen dem rosaroten

Gestein und dem tiefblauen Wasser besonders eindrucksvoll. Auf dem rechten Ufer des Flusses befindet sich die **Marina,** ein kleiner Jachthafen mit Hotels und Restaurants. Auf dem linken Ufer ersteckt sich der graue Kieselstrand. Auf einer Granitklippe in der Mitte thront ein viereckiger genuesischer Turm, der trotz seiner weitgehenden Zerstörung durch eine Explosion immer noch bedrohlich aussieht. Im Mündungsgebiet des Flusses taleinwärts wurden vor hundert Jahren Eukalyptusbäume angepflanzt, um die Feuchtigkeit des Bodens zu verringern und so die Malaria fernzuhalten. Heute bieten die alten Bäume einen schönen Anblick und genüßlichen Schatten. Die Bucht von Porto gehört zum **Naturpark Korsika** (siehe IGN-Karte). Landschaft, Tiere und Pflanzen (auch im Meer) werden hier aktiv geschützt. Einige Seeadler haben im Golf von Girolata überlebt.

Sie fahren aus Porto hinaus auf der D 81 Richtung Piana und Cargèse durch einen dichten und schattigen Wald, den *Forêt Communale de Piana* (Gemeindewald): Edelkastanien, Eichen, wilde Olivenbäume, Erdbeerbäume (*arbousier*), etwas höher auch Korsische Schwarzkiefern umgeben Sie. Nach ca. 8 km erreicht man ei-

Porto besitzt einen schönen Kieselstrand. Auf einer Felsklippe steht der genuesische Turm.

Die Calanche ist eine zerklüftete Felsenlandschaft an der Westküste.

ne chaotische rosarote Klippenlandschaft: **»e Calanche«** (nach dem Plural von *calanca*: enge Bucht; frz. *calanque*). Achtung: Die Straße wird eng, es herrscht re-

Folgende Doppelseite:
Von der Straße durch die Felsen der Calanche geht der Blick auf das Meer.

ger Verkehr, auch Busse schlängeln sich durch die Felsen!

Eine Sage berichtet über die Entstehung dieser Landschaft: Der Teufel verliebte sich in eine Hirtin, sie rief ihren Mann zu Hilfe, und beiden gelang es, den Teufel zu verjagen. Aus Rache ließ er sie zu Granit erstarren und verwüstete die ganze Landschaft. Bei dem Gestein handelt es sich um roten alkalischen Granit verschiedener Härtegrade, der einer besonderen Erosionsform ausgesetzt ist: Wind, Meeresluft und Regen. Die so entstandenen Klippen und Felsen werden »Tafoni« genannt. Schon Guy de Maupassant hat sie im Roman »Ein Leben« (Une vie, 1884) bewundernd beschrieben. Farben von Orange bis Karminrot ergeben einen erstaunlichen Kontrast mit dem blauen Hintergrund des Meeres und den grünen Vegetationsflecken. Verschiedene Formen haben sogar Namen: »Tête de Chien« (Hunde-

kopf), »le Château Fort« (die Burg).

Auf der D 81 fahren Sie weiter bis **Piana**. Das Dorf wurde im 18. Jh. gegründet, als die Angriffe der »Barbaren« seltener wurden. In der **Kirche Sainte Marie** kann man »Trompe l'oeil«-Malereien, d. h. illusionistische Kunstwerke mit optischen Täuschungen, sehen. Die Vegetation läßt auf ein mildes Klima schließen. Diese friedliche Stimmung des Dorfes (Cafés und Restaurants) und die Nähe der »Calanche« hat zahlreiche Künstler angelockt, darunter den elsässischen Maler Paul Iske.

In Piana rechts abbiegen auf die D 824 Richtung **Golfe d'Arone**. Eine Höhenstraße mit Aussicht auf den Golf führt durch Macchia (Buschwald) und rosarote Felsen hinunter zum Golf. Ein **weißer Sandstrand** bietet angenehme Erfrischung (Einkehrmöglichkeit), bevor es wieder zurückgeht. Auf dem gleichen Weg fahren Sie über Piana wieder nach Porto zurück.

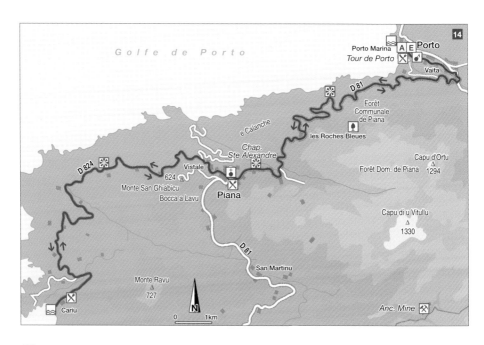

15 Von Casamozza durch die Castagniccia-Landschaft

Casamozza – Barchetta – Campile – Venzolasca – Vescovato – Casamozza

 Ausgangsort
Casamozza

 Tourenlänge
51 km

 Durchschnittlicher Zeitbedarf
5 Stunden

 Steigung
705 m

 Wegcharakter
Über 8,5 km auf breiter Straße (starker Verkehr); ab Barchetta kleine, steile Bergstraße bis Campile; lange Abfahrt bis Torra

 Interessantes am Weg
„Castagniccia"-Landschaft; malerische Bergdörfer (Campile, Ortiporio, Venzolasca, Verscavato)

 Besondere Ausrüstung
Kopfbedeckung (evtl. Helm), Brille, Getränke und Verpflegung

 Geeignetes Kartenmaterial
Karte IGN Nr. 73: Haute Corse

Sie starten in **Casamozza** am Bahnhof (*gare*) und fahren auf der N 193 Richtung Ponte Leccia. Die Straße folgt dem Golo-Tal (Bademöglichkeit). Nach 8,5 km in **Barchetta** links abbiegen über den Golo auf die D 15. Dann gleich rechts weiterfahren auf der D 515 Richtung Cannaghia, Campile und Ortiporio.
In **Cannaghia** führt vor der Kirche rechts ein Fußpfad zur romanischen Kapelle Saint Michel. Heute wird sie als Stall be-

nutzt, die Apsis jedoch kann man noch erkennen. Im Ort gibt es viele Töpfereien. Weiterfahren auf der D 515 nach **Campile**. Nach abgebrannten Hängen im Tal beginnt allmählich die **Castagniccia** (Kastanienwald), eine typische Landschaft Korsikas. In den mit Edelkastanien bewachsenen Bergen sehen die kleinen Dörfer wie Burgen aus. Schmale Straßen folgen in unendlichen Serpentinen den Tälern und Hängen. Hier entstand im 18. Jahrhundert die wichtigste Widerstandsbewegung gegen Genua. Gerade aber von den Genuesern wurden im 15. und 16. Jh. zwangsweise Bäume eingeführt, darunter der Olivenbaum und die Edelkastanie. Der Kastanienbaum blüht im Mai und Juni, die reife Marone fällt im Herbst auf den Boden. Die Kastanien wer-

Die Ruinen des Klosters Saint Antoine sind mit Efeu überwachsen.

Venzolasca liegt auf einem Bergrücken. Um die Jahrhundertwende war es Schauplatz einer Vendetta zwischen verfeindeten Familien.

den u. a. für Pulenta verwertet: Kastanienmehl wird in kochendem und gesalzenem Wasser verrührt, bis eine einförmige Masse ensteht. Daraus wird eine Kugel geformt, in Mehl gerollt und in Scheiben geschnitten. Pulenta wird mit Brocciu (frischer Ziegenkäse), Figatelli (geräucherte Wurst mit Leber) oder Braten verspeist. Das Gericht ist sehr nahrhaft! Seit fast zwei Jahren wird Bier teilweise aus Kastanienmehlmalz hergestellt, das ergibt ein würziges dunkles Bier mit dem Namen »Pietra«.

Das Dorf **Campile** liegt hoch über dem Golo-Tal. In der Dorfkirche **Saint Pierre et Paul** (17. Jh.) befinden sich Gemälde aus dem 16. Jh. Sie fahren weiter auf der D 515 bis **Ortiporio**. Dort beachten Sie die Barockfassade der Dorfkirche. Im Dorf rechts abbiegen Richtung Kloster Saint Antoine in Silvareccio. (Oder Sie fahren zurück zur D 515 und biegen links ab in die gleiche Richtung.) 2,5 km weiter befindet sich an einer Kreuzung das **Couvent Saint Antoine,** mit Efeu überwachsene Ruinen. Hier fanden in den Zeiten des Widerstands mehrere Versammlungen (*consulta*) statt, und Pascal Paoli wurde hier zum General der korsischen Nation gewählt.

An der Kreuzung weiterfahren auf der D 237 Richtung Silvareccio und Venzolasca. Vor Silvareccio links auf der D 237 bleiben und durch **Silvareccio** fahren. Hier genießen Sie eine schöne Aussicht auf den Berg San Petrone und das Orezza-Tal. Am **Bocca di Sant Agostinu** bleiben Sie rechts auf der D 237. Vor **Penta-di-Casinca** links auf der D 237 weiterfahren. Hinter **Ocagnano** bleiben Sie weiter auf der D 237 Richtung Venzolasca. Vor **Venzolasca** dann rechts ins Dorf abbiegen. Die Häuser liegen auf einem Bergrücken. Die eigentlich romanische Dorfkirche **Sainte Lucie** wurde umgebaut (Barock). Venzolasca war der Schauplatz einer berühmten Vendetta, einer Blutfehde, die von 1880 bis 1916 dauerte und aufhörte, weil von zwei Familien nur noch ein Mensch übrig blieb.

Sie fahren wieder zur D 237 zurück Richtung **Vescovato**. Dieser Ort wurde seit den Zeiten der Römer bewohnt, wegen der strategisch wichtigen Lage. Vescovato wurde Ende des 13. Jh. von einem **Bischof** gegründet (*Vescovo*: Bischof). In der Kirche befindet sich ein Hochaltar und ein Tabernakel aus weißem Marmor.

Sie fahren auf der D 237 weiter bis zur N 198 in Torra und biegen dort links ab, um nach Casamozza zurückzukehren.

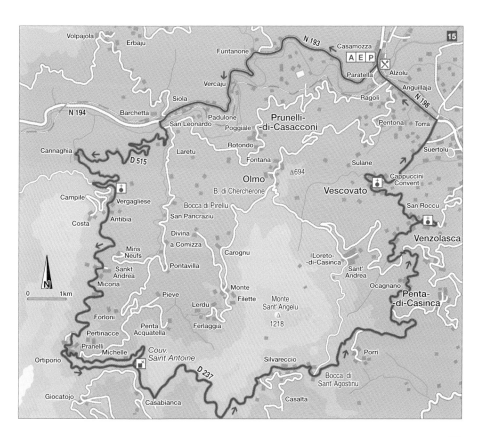

16 Durch die Asco-Schlucht

Ponte Leccia – Asco – Haut-Asco – Ponte Leccia

 Ausgangsort
Ponte Leccia

 Tourenlänge
70 km

 Durchschnittlicher Zeitbedarf
5 Stunden

 Steigung
1229 m

 Wegcharakter
Zuerst auf breiter Straße, die in der Asco-Schlucht enger und steiler wird, wenig Vegetation; hinter Asco wird das Tal breiter, die letzten Steigungen liegen im Schatten der hohen Schwarzkiefern

 Interessantes am Weg
Landschaft des Asco-Tals mit Wildbächen, Wäldern und Bergen (Monte Cinto u. a.); Dorf Asco und Skistation Haut-Asco

 Zu beachten
Viele Steigungen (sportliche Tour!)

 Besondere Ausrüstung
Getränke, Kopfbedeckung (evtl. Helm), Brille, Anorak (große Höhe, Kälte und Gewittergefahr), Badezeug (Bademöglichkeit fast überall an der Strecke, besonders schön unterhalb von Asco)

 Einkehrmöglichkeiten
In Asco und Haut-Asco

 Geeignetes Kartenmaterial
Karte IGN Nr. 73: Haute Corse

Sie starten in **Ponte Leccia** und fahren auf der N 197 Richtung Ile Rousse. 2 km später biegen Sie links ab auf die D 47 Richtung Asco. Weiterfahren auf der D 47 Richtung Asco. An der Kreuzung »*Le vieux pont*« (alte Brücke) geradeaus auf der D 147 Richtung Asco weiterfahren. Kurz hinter dieser Brücke fängt die **Asco-Schlucht** (*gorges*) an. Rechts und links überragen 900 Meter hohe Granitspitzen den Asco-Bach. An diesen Abhängen wird ein großer Teil des besonders reinen Asco-Honigs geerntet. Die Straße folgt dem Bach bis kurz vor Asco. Die Vegetation auf dem rechten Ufer wird immer spärlicher im Gegensatz zum linken Ufer, das mit Bleistiftzedern (eine Art Wacholder) und Zwergwacholder bewachsen ist. Aus dem Holz dieser Bäume wurden früher hauptsächlich von Hirten verschiedene Utensilien geschnitzt wie Löffel, Kellen, Bottiche und Käseformen.

Das Dorf **Asco** liegt am Berg und ist von Terrassen umgeben. Die Straße hierher wurde erst 1937 gebaut. Die Einwohner waren bis dahin sehr isoliert. Aus diesem Grund haben sie fast alles hergestellt, was sie brauchten: Wein bis 800 m Höhe, Getreide um das Dorf herum und Roggen bis 1600 m, ja sogar Tabak. Einige Edelkastanien wurden angepflanzt. Frauen webten Woll- und andere Stoffe, nähten u. a. Hirtenmäntel (*panni*). Männer be-

Am Asco-Fluß finden sich schöne Badegelegenheiten.

schäftigten sich hauptsächlich mit Schaf-
und Ziegenzucht und der Käseproduktion.
Sie schnitzten aber auch alle Geräte und
Behälter, die sie für die Milchverarbeitung
benötigten. Eine Sammlung solcher Utensilien befindet sich im Hotel Cinto in Asco.
Früher zogen die Herden im Winter über
hohe Pässe in mildere Gebiete wie die
Balagne.
Sie fahren weiter auf der D 147. Kurz hinter Asco liegt linker Hand über dem Bach
Pinara eine alte genuesische Brücke. Ab
hier heißt der Asco Strancione. Die Straße
führt über den Wildbach auf das rechte
Ufer in den **Wald von Carrozicca**: Korsische Schwarzkiefern (pin laricio), Sternkie-
fern und Grünerlen stehen hier, leider teilweise durch Waldbrände vernichtet. Das
Klima ist hier bereits alpin; es gibt häufig
starke Niederschläge. Ab 1900 m Höhe
wird dann der Schwarzkiefernbestand
immer karger. Rote Granitfelsen und steile
Mauern beherrschen die Landschaft,
höchster Berg ist der **Monte Cinto**
(2710m).
Im Asco-Tal, es gehört zum **Naturpark**
Korsikas, leben zahlreiche seltene und
geschützte Tierarten wie der Bartgeier
(*gypaète barbu*), der Steinadler (*aigle
royal*) und Mufflons (Wildschafe). Übri-

**Je höher der Weg steigt, desto karger
wird die Landschaft im Asco-Tal.**

gens heißt eine der berühmtesten Gruppen Korsikas, die versucht, traditionelle
Musik mit moderner zu verschmelzen,
»I Muvrini« (junge Mufflons).
Es wird immer steiler. Am Ende der ge-
teerten Straße befindet sich **Haut-Asco**,
eine richtige Skistation mit Schleppliften
und modernen Berghütten. Von hier aus
führen viele Wanderwege zu den höch-
sten Bergen der Insel und in andere Täler.
Geben Sie acht bei der Abfahrt zurück
nach Ponte Leccia!

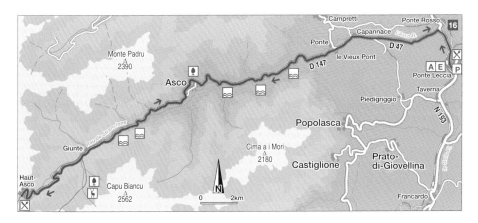

17 Von Ponte Leccia zum San-Colombano-Paß

Ponte Leccia – Moltifao – Castifao – Bocca Capanna – Bocca di San Colombano – Ponte Leccia

 Ausgangsort
Ponte Leccia

 Tourenlänge
58 km

 Durchschnittlicher Zeitbedarf
4,5 Stunden.

 Steigung
950 m

 Geländestruktur
Zunächst 7 km auf breiter Straße, dann zwei Steigungen bis 844 m; lange Abfahrt bis Ponte Leccia

 Interessantes am Weg
Moltifao; Kloster Saint François; Castifao; »Pampa«-Landschaft beim Bocca Capanna

 Zu beachten
Starke Steigungen, wenig Schatten, frei herumlaufende Kühe!

 Besondere Ausrüstung
Getränke, Kopfbedeckung (evtl. Helm), Brille

 Geeignetes Kartenmaterial
Karte IGN Nr. 73: Haute Corse

Sie starten in **Ponte Leccia** am Bahnhof (*gare*) und fahren auf der N 197 Richtung Ile Rousse. 2 km weiter links abbiegen auf die D 47; 5 km weiter rechts abbiegen auf die D 247; weiter bis **Moltifao**. Dieses Dorf liegt wie ein Hufeisen in der Terrassenlandschaft (Obstgärten und Olivenbäume) auf einem Bergrücken. Inmitten schöner Häuser liegt die **Dorfkirche**. Der hohe Turm stammt aus dem 17. Jh.
Sie fahren auf der D 247 weiter Richtung Castifao. Auf einem kleinen Paß liegen die Ruinen des **Klosters Saint François:** Es wurde im 17. Jh gegründet. Auch der innere Teil der Kirche wurde als Friedhof benutzt! Auf der D 247 weiterfahren. Kurz vor **Castifao** fahren Sie geradeaus, in den Ort. Gleich linker Hand erblickt man die **Turmruine Paganosa.** In der Mitte ist der Dorfplatz mit der **Kirche Saint Nicolas**. Die schönen Häuser haben hohe Fassaden und bemerkenswerte Türen.

Das Kloster Saint François wurde im 17. Jh. gegründet. Heute ist es weitgehend verfallen.

Moltifao liegt in einer Terrassenlandschaft mit vielen Obstgärten und Olivenhainen.

Sie fahren zurück bis zur Kreuzung, biegen aber links ab (bergab) Richtung Olmi Cappela und Bocca de Capanna. Die Straße führt hinab ins Tartagine-Tal (Vorsicht!). Nach ca. 3,5 km links abbiegen (Haarnadelkurve) auf die D 547. Nach der Überquerung des Baches (100 m) vor der Rechtskurve kann man linker Hand eine *kleine, alte Brücke* entdecken. Die Siedlung, die sich hier befindet, ist neu und hauptsächlich auf Schaf- und Ziegenzucht zurückzuführen.
Die Straße wird wieder steiler bis zum Bocca Capanna. Die Landschaft verändert sich allmählich: Karge, braune Vegetation

überwiegt, es wird »pampa-ähnlich«. Oberhalb kleiner Seitentäler ziehen grüne Farbflecken das Auge an. Es handelt sich um Reste von Edelkastanien, die überleben, weil dort Wasser vorhanden ist. Alte Bauernhöfe erinnern an bessere Zeiten. Kurz vor dem Paß erreicht die Straße eine Art Hochebene, auf der man extensive Rinderhaltung antrifft: Kleine zähe, hellbraune Kühe weiden frei in der Landschaft, Kälber tollen auf der Fahrbahn (Kuhfladen!), und manchmal überwacht ein Bulle die Herde. Sie sollten vorsichtig fahren! Nebenbei bemerkt: Korsisches Rindfleisch ist empfehlenswert!

Am **Bocca Capanna** rechts abbiegen (bergab) auf die D 963 Richtung Bocca di Colombano und Belgodère. An der Wasserscheide (**Bocca di u Prunu**) bietet sich eine weite Aussicht auf die Westküste und die Balagne.

Vor Toccone rechts abbiegen (bergauf) auf die N 197 Richtung **Bocca di San Colombano** und Ponte Leccia. Nach dem Paß (692 m) wird die Straße steil und kurvenreich, mündet in das Langani-Tal und spielt Verstecke mit der Bahnstrecke Bastia – Calvi. Am Rand des Baches wachsen Pappeln, und alles ist grün (Bademöglichkeit). Die Landschaft rund herum ist jedoch wieder wie »Pampa«, braun und verbrannt, vor allem im Sommer.

Achtung, nach der zweiten Bahnunterführung stößt die N 197 auf die neu ausgebaute D 8 – nicht die D 247 kurz davor nehmen! Rechts fahren Sie weiter bis nach Ponte Leccia.

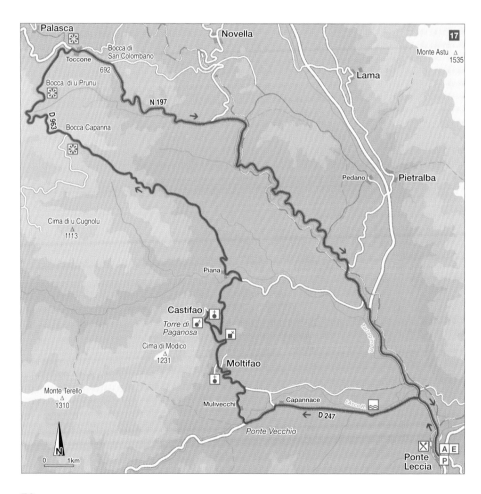

18 Von Calvi nach Galéria

Calvi – Suare – Bocca di Marsulinu – Galéria – Calvi

 Ausgangsort
Calvi

 Tourenlänge
100 km

 Durchschnittlicher Zeitbedarf
8 Stunden

 Steigung
1030 m

 Wegcharakter
8 km auf breiter Straße (reger Verkehr!), dann ein Paß (443 m) und eine Abfahrt; Küstenstraße über zwei kleine Pässe

 Interessantes am Weg
Calvi (Festung) und Bucht; Galeria; Fangu-Tal; Küstenlandschaft

 Zu beachten
Lange Tour (auch in zwei Tagen möglich, Unterkunft in Galéria)

 Besondere Ausrüstung
Kopfbedeckung (evtl. Helm), Brille, Getränke, Verpflegung, Badesachen (Bademöglichkeit im Meer)

 Einkehrmöglichkeiten
In Galéria

 Varianten
Abstecher nach Barghiana und ins Fangu-Tal

 Geeignetes Kartenmaterial
Karte IGN Nr. 73: Haute Corse

Calvi ist einer der schönsten Küstenorte Korsikas: Die auf einem »kahlen« Felsen (von lat. *calvus* und indoeuropäisch *kal*) errichtete Festung (Zitadelle) erhebt sich über die blaue Bucht. Der helle Sandstrand und die hohen Kiefern heben sich vom Hintergrund der rosa dunstigen Bergkulisse des Monte Grosso ab, auf dem manchmal noch Schneetupfen zu sehen sind. Die heutige Stadt besteht aus der Festung und der **Marina,** also dem Jacht- und Fischerhafen (Langustenfang) und den umliegenden Gebäuden. An der Stelle des **Salzturms** (*tour de sel*) hatten Römer eine erste Siedlung gegründet (1. Jh v. Christi). In der zweiten Hälfte des 12. Jh., nach langen Kriegen, baten die Bürger Calvis Genua um Schutz.
Sechs Jahrhunderte blieb die Stadt Genua treu. Die **Zitadelle** wurde vom 12. bis ins 15. Jh. gebaut. Der Eingang führt über einen Graben und eine ehemalige Hängebrücke. Sie sollten auf den Befestigungsmauern um die Zitadelle gehen: Das Panorama reicht vom Strand der Bucht bis zur Felsenklippe »La Revellata«. Der einstige **Palast der Gouverneure Genuas** liegt am Paradeplatz: Es ist ein imposanter Bau mit Wehrturm. Heute ist er eine Kaserne (*Sampiero*) der in Calvi stationierten Fremdenlegion (zu Kirche und Marina siehe auch Tour 19 und 20).
Sie starten in Calvi am Parkplatz am Jachthafen. Über die Bahn auf die N 197 fahren, links abbiegen Richtung Ile Rousse

Vom Tal des Fangu-Flusses geht der Blick auf das Hochgebirge.

(reger Verkehr!). Nach 3,5 km rechts abbiegen auf die D 251 Richtung Flughafen (Aéroport Sainte Catherine). Die Straße durchquert eine Flußebene mit Geröll. Waldbrände haben eine spärliche Vegetation hinterlassen, durchsetzt mit einigen Eukalyptushainen und Weinanbau.

In **Suare** biegen Sie rechts ab auf die D 51 Richtung Galéria und Porto. Sie fahren über den **Bocca di Marsulinu**; es folgt eine steile Abfahrt durch das Marsulinu-Tal (Weinanbau und Viehzucht), das ins breite Fangu-Tal mündet. Links über die *Brücke (5 Bögen)* über den Fangu Richtung Porto abbiegen, gleich nach der Brücke rechts auf die D 351 nach Galéria weiter.

Variante: Gleich nach der Fangu-Brücke links abbiegen auf die D 81. 2 km weiter links abbiegen auf die D 351 nach **Barghiana** und **Fangu-Tal.** Zahlreiche Gumpen bieten herrliche Bademöglichkeiten, das erfrischende (Süß-)Wasser ist eine genußreiche Abwechslung zum Meer. Das Fangu-Tal gehört zu den Naturreservaten der UNESCO. Atemberaubend ist die umliegende Hochgebirgslandschaft mit dem Capu Tafanatu (mitten im Berg ist ein riesiges Loch) und dem Paglia Orba.

Galéria liegt an der Fangu-Mündung. Es gibt einen Kieselstrand, einen Jachthafen und einen Genueserturm. Sie fahren auf der D 351 zurück, dann links über die Brücke, gleich nach der Brücke wieder links auf die D 81 Richtung Calvi (zeitweilig reger Verkehr). Auf dem Weg, in **Argentella**, befinden sich alte Silberminen und in **Torre Mozza** die Ruine des Jagdschlosses von Pierre Bonaparte.

Vor Calvi liegt rechts die Kapelle **Notre Dame de la Serra.** Von hier ist ein weiter Ausblick auf die Bucht von Calvi möglich. Die Vegetation rund um die Kapelle wurde von wiederholten Waldbränden zerstört.

Zurück zur D 81, geht es rechts nach Calvi zum Jachthafen.

Mit vielen Kurven windet sich die Küstenstraße durch die gebirgige Landschaft.

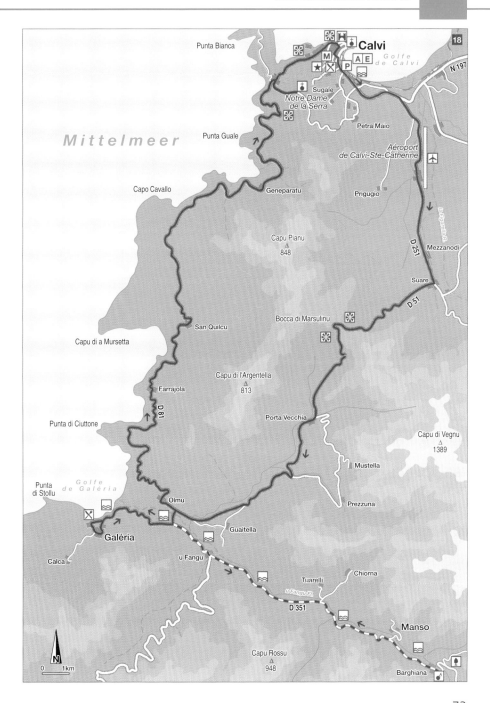

19 Von Calvi nach Calenzana

Calvi – Suare – Moncale – Calenzana – Calvi

Ausgangsort
Calvi

Tourenlänge
43 km

Durchschnittlicher Zeitbedarf
3,5 Stunden

Steigung
300 m

Wegcharakter
Kaum Steigungen während der 12 ersten km, dann leichte Steigung in Macchia-Landschaft

Interessantes am Weg
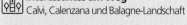
Calvi, Calenzana und Balagne-Landschaft

Zu beachten
Relativ leichte Tour, aber viel befahrene Straße! Wenig Schatten

Eignung für Kinder
Für Kinder ab 12 Jahren geeignet

Besondere Ausrüstung
Kopfbedeckung (evtl. Helm), Brille, Getränke

Einkehrmöglichkeiten
In Calenzana

Geeignetes Kartenmaterial
Karte IGN Nr. 73: Haute Corse

Sie starten in **Calvi** (siehe auch Tour 18 und 20). Sie besichtigen zunächst die Kathedrale **San Giovanni Battista** (Johannes der Täufer) in der Altstadt. Die Explosion des Munitionslagers im Castellu

Vecchio (Alte Burg) 1567 hat die Kirche fast ganz zertrümmert. Ein Neubau erfolgte ab 1570. Der Grundriß stellt ein griechisches Kreuz dar. Eine Kuppel beleuchtet den Innenraum: Taufbecken aus weißem Marmor (1568), eine aus Eiche geschnitzte Kanzel und ein Hauptaltar aus buntem Marmor (17. Jh.). Das mittlere Bild des Triptychons (1458) des Malers Barbagelata fehlt. Der Rest stellt die Verkündigung und sechs Heiligenbilder, die Schutzpatrone der Stadt, dar. Am Altar rechts vor dem Chor befindet sich ein Kruzifix aus Ebenholz, dem Wunder nachgesagt werden. Als die Türken Calvi im Jahre 1555 belagerten, wurde es herumgetragen. Am nächsten Tag zogen die Feinde ab.

Vom Parkplatz am Jachthafen fahren Sie über die Bahn zur N 197 und biegen links ab Richtung Ile Rousse. Achtung – bis Suare starker Verkehr! Nach 3,5 km rechts abbiegen auf die D 251 Richtung Flughafen Sainte Catherine, Suare und Forêt (Wald) de Bonifato. Nach 8 km in **Suare** geradeaus auf der D 251 und kurz danach links abbiegen auf die D 81 Richtung Moncale und Calenzana.

Nach der spärlich bewachsenen Flußebene führt die Straße über Hügel mit Macchia-Vegetation. Auf die Bucht von Calvi bietet sich eine schöne Aussicht. Bis **Moncale** steigt der Weg. Durch Moncale fahren und weiter bis Calenzana.

Calenzana ist eine kleine Stadt inmitten einer charakteristischen **Balagne-Landschaftsidylle:** Terrassen mit zahlreichen Mauern, Oliven-, Feigen-, Mandel-, Zitronenbäume, Weinberge (guter Wein!), hier und da ein röhrender Esel oder eine meckernde Ziege, Schafe (außergewöhnlicher Käse!), Bienenstöcke und Blumen prägen das Bild. Während der Unabhängigkeitskriege kämpften die Einwohner gegen Calvi und Genua. Im Jahre 1732 nahmen 9000 deutsche Söldner am

Die Kirche in Calenzana, einer kleinen Stadt in der Balagne.
Folgende Doppelseite: Calvi liegt malerisch auf einem Felsen am Meer.

Kampf gegen Calenzana teil. Die Bürger besaßen nur wenig Waffen und wehrten sich mit List: Sie ließen Bienenstöcke auf die Söldner fallen. Die angriffslustigen Insekten setzten ungefähr 500 Soldaten endgültig außer Gefecht. Die Barock-kirche **Saint Blaise** (1691–1701) stammt vom Baumeister Domenico Baïana. Sie besitzt eine beachtlich hohe Fassade. Der Kirchturm wurde später (1870–75) auf dem Friedhof der Söldner (Campo Santo dei Tedeschi) errichtet. An der Decke des Schiffes kann man eine Freskomalerei aus dem 18. Jh. sehen. Der Marmoraltar stammt ebenfalls aus dem 18. Jh.

In Calenzana beginnt auch der berühmte **GR 20** (Chemin de Grande Randonnée: »großer Wanderweg«), der quer durch die Insel führt.

Sie fahren zurück Richtung Calvi auf der D 251. An der Kreuzung mit der N 197

links abbiegen Richtung Calvi. Achtung: gefährliche Kreuzung und reger Verkehr bis zum Parkplatz in Calvi!

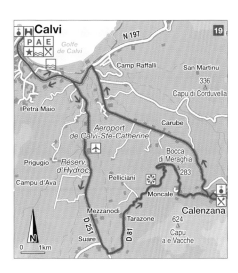

Zitadelle von Calvi.

20 Von Calvi durch die Balagne

Calvi – Calenzana – Zilia – Cassano – Montemaggiore – Aregno – Algajola – Lumio – Calvi

 Ausgangsort
Calvi

 Tourenlänge
53,5 km

 Durchschnittlicher Zeitbedarf
4,5 Stunden

 Steigung
800 m

 Interessantes am Weg
Calvi; Calenzana; Kirche Santa Restitute; Zilia; Montemaggiore; Aregno (Balagne-Landschaft); Algajola (Küste und Strand)

 Wegcharakter
Schwache, aber mühsame Steigung bis Calenzana; Steigung bis zum Bocca di Salvi; Abfahrt bis Algajola; Steigung bis Lumio

 Zu beachten
Wenig Schatten

 Einkehrmöglichkeiten
Mehrere in Dörfern am Weg

 Besondere Ausrüstung
Kopfbedeckung (evtl. Helm), Brille, Getränke

 Geeignetes Kartenmaterial
Karte IGN Nr. 73: Haute Corse

Ausgangsort ist **Calvi** (siehe Touren 18 und 19). Sie besuchen das **Oratoire de la Confrérie de Saint Antoine** (Betkapelle der Bruderschaft des heiligen Antonius) aus dem 15. Jh., heute ein Museum. Über der Tür erkennt man, in schwarzen Schiefer gehauen, den heiligen Antonius mit seinem kleinen Schwein. Das Innere: links Fresken der Kreuzigung (16. Jh.), rechts ein renoviertes Triptychon (15. Jh.) mit Kreuzigung, Erzengel Gabriel und Verkündigung. Links vom Altar in einer Vitrine eine Christusfigur aus Elfenbein (»Sansovino«, 16. Jh.). Im Ort gibt es mehrere Sammlungen, u. a. christliche Kunst aus der Balagne, liturgische Gewänder (17./18. Jh.) und im Seitengebäude archäologische Funde. Die **Marina** mit Hafen, Jachthafen, Palmen, Cafés und Restaurants, malerischen Gassen und einem zentralen Platz mit Kirche ist im Sommer der Treffpunkt der Touristen.

Sie starten vom Parkplatz am Jachthafen. Über die Bahn fahren Sie zur N 197 und biegen links ab Richtung Ile Rousse. Nach 4,5 km rechts abbiegen auf die D 151 Richtung Calenzana (siehe Tour 19). Durch Calenzana fahren Sie auf der D 151. 1 km weiter liegt die Kirche **Santa Restitute**, ursprünglich romanisch, später barock auf einem römischen Friedhof errichtet. Sie ist umgeben von jahrhundertealten Olivenbäumen. Die Kirchenpatronin wurde als Märtyrerin im 3. Jh in Calvi von den Römern enthauptet. 1984 sprach Johannes

Bucht von Calvi.

Blick auf Montemaggiore und die Ebene von Calenzana.

Paul II. sie heilig und ernannte sie zur Schutzpatronin von Calenzana und der Balagne. Im Innenraum sind beachtenswert: in der linken Kapelle eine Holzstatue der Heiligen (18. Jh.), hinter dem 1951 entdeckten frühromanischen Altar ein Grabdenkmal (*cénotaphe*) mit zwei Fresken (13. Jh.) des Märtyriums. Dahinter steht der Reliquienschrein. In der Krypta, ebenfalls 1951 entdeckt, befindet sich ein Sarkophag aus Carrara-Marmor.

Sie fahren weiter nach **Zilia.** Vor dem Ort liegt rechts eine **Mineralwasserquelle**, die heute wieder bewirtschaftet wird. In Zilia gibt es von der Terrasse vor der Barockkirche einen schönen Ausblick ins Tal. Sie fahren weiter über **Lunghignano** (Barockkirche) und **Cassano** mit der Kir-

Aregno ist einer der vielen schönen korsischen Orte mit sehenswerter Kirche.

che Saint Alban und dem Triptychon (1505) mit Maria und Kind von einem Maler aus Calvi (A. di Simoni). Hier wird jedes Jahr im Juli das Olivenfest gefeiert.

Weiter geht es bis **Montemaggiore**. Das Dorf liegt auf einem Felsvorsprung, und man kann ein herrliches Panorama auf die Bucht von Calvi genießen.

Weiterfahren Richtung Cateri auf der D 151. Die Straße führt über den **Bocca di Salvi** (Ausblick auf die Küste). In Cateri geradeaus weiterfahren auf der D 151 nach **Aregno** (zum nahegelegenen Sant' Antonino siehe Tour 21). Vor Aregno liegt in einer Haarnadelkurve die **Kirche La Trinité** (Dreifaltigkeit, erbaut 1177) mit buntem Granitmauerwerk. Innen sind zwei zwei Fresken (15. Jh.) zu sehen. Im Dorf befindet sich ein schöner Platz mit Barockkirche.

Regenbogen auf der Straße nach Montemaggiore.

Sie fahren zurück Richtung Kapelle und biegen sehr bald links ab Richtung Algajola. Die Abfahrt erfolgt in typischer Balagne-Landschaft, die aber teilweise durch Waldbrände zerstört wurde. Vor Algajola links auf die N 197 abbiegen. Achtung: reger Verkehr! Gleich wieder rechts abbiegen ins Dorf **Algajola** (siehe Tour 22). Aus dem Dorf fahren Sie Richtung Calvi hinaus. An der Kreuzung rechts abbiegen auf die N 197 Richtung Calvi. Durch **Lumio** (schönes Dorf mit Aussicht und Kirche) fahren Sie bis Calvi zum Parkplatz.

Montemaggiore liegt auf einem Felsvorsprung in der Balagne.

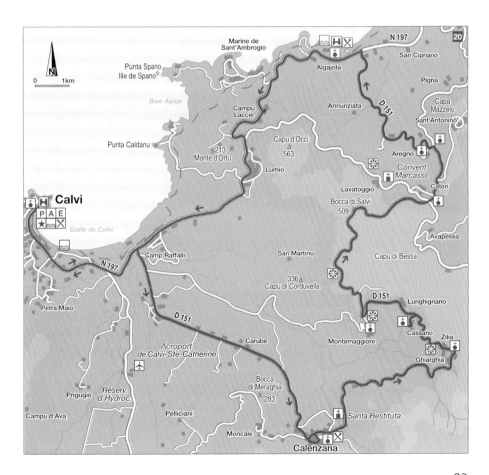

21 Von Ile Rousse nach Sant'Antonino

Ile Rousse – Reginu-Tal – Muro – Sant'Antonino – Pigna – Corbara – Ile Rousse

Stausee im Reginu-Tal.

Ausgangsort
Ile Rousse

Tourenlänge
52 km

Durchschnittlicher Zeitbedarf
4 Stunden

Steigung
640 m

Wegcharakter
Küstenstraße, Talsohle, kurze Steigung bis Muro, dann Hügel

Interessantes am Weg
Ile Rousse, Reginu-Tal, Sant'Antonino, Aregno, Pigna, Corbara

Zu beachten
Keine langen Steigungen, aber wenig Schatten

Einkehrmöglichkeiten
Mehrere in Dörfern am Weg

Besondere Ausrüstung
Kopfbedeckung (evtl. Helm), Brille, Getränke

Geeignetes Kartenmaterial
Karte IGN Nr. 73: Haute Corse

Sie starten in **Ile Rousse**. Der Name kommt von der **Isula Rossa**, der kleinen Insel aus rosa Granit vor der Stadt. Der Ort wurde von P. Paoli 1758 gegründet, um die Blockade gegen Calvi zu brechen. Zwischen dem »alten« rechteckig angelegten Viertel und der modernen Stadt liegt ein großer Platz (Place Paoli) mit einem Brunnen

und der Büste Paolis, mit Palmen, Platanen, Cafés und einer Kirche. Im »alten« Viertel werden in einer Markthalle vormittags einheimische Erzeugnisse angeboten: Honig, Käse, Wurstwaren, CDs (u. a. korsische Polyphonie), Gemüse, Obst und Fische. Zwischen Strand und Stadt fährt die Bahn von Bastia nach Calvi entlang, eine empfehlenswerte abenteuerliche Reise. Im Ozeanographischen Museum sind alle Mittelmeerfische zu bewundern.

Sie fahren vom Parkplatz an der Post auf der N 197 Richtung Bastia auf der Küstenstraße (Oleander, Feigenkakteen). Kurz vor Lozari (Bucht) biegen Sie rechts ab auf die D 113 Richtung Muro ins **Reginu-Tal.** Es ist ein breites Tal mit allen Aspekten der heutigen Balagne-Vegetation: Teilweise ist es abgebrannt, teilweise wird es neu bewirtschaftet (Oliven, Wein, Viehzucht), teilweise wird herkömmliche Landschaft betrieben. Die kürzlich vom Kontinent eingeführten Kaninchen sind zur Plage geworden, haben jedoch die Vermehrung der Raubvögel gefördert. Die Straße führt am Bach entlang.

Nach ca. 8 km rechts abbiegen auf die D 63 und dann gleich wieder links abbiegen auf die D 113 Richtung Muro. Hinter einer Steigung liegt ein Süßwasserstaubecken (Landwirtschaft). Dann schlängelt sich die Straße durch eine malerische Oli-

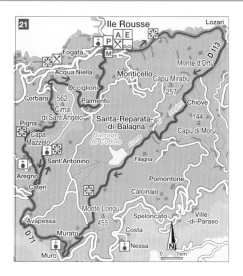

venhain-Landschaft an einer *Ölmühle* vorbei über den Reginu. Bald danach links abbiegen (bergauf) auf die D 13 nach Muro. Achtung: 200 m hinter einer Haarnadelkurve links, dann rechts abbiegen in einer engen Kurve nach Muro. Vor Muro auf die D 71 rechts abbiegen. Die Barockkirche von **Muro** besitzt innen einen Hochaltar und eine Chorschranke aus buntem Marmor. Es ist eine typische Barockeinrichtung mit Statuen und Goldverzierungen.

Sie fahren weiter auf der D 71 an Avapessa vorbei bis **Cateri**. Hier rechts abbiegen auf die D 151 Richtung Aregno. 200 m weiter rechts abbiegen (bergauf) auf die D 413 nach **Sant'Antonino**. Rechts vor dem Dorf können frisch gepreßte korsische Orangen genossen werden. Sant'Antonino liegt wie ein Adlerhorst auf einem Bergrücken (497 m ü. d. M.). Es wurde im 9. Jh. gegründet, weil die außergewöhnliche Lage den Zweck der Fliehburg bei Piratenangriffen gut erfüllte. Zahlreiche Gassen, Gewölbe und ein weiter Rundblick prägen den be-

sonderen Charakter des Dorfes. Die Dorfkirche liegt einsam auf einer Terrasse.

Sie fahren wieder zur D 151 hinunter und biegen rechts ab Richtung Aregno (siehe Tour 20). Auf der D 151 fahren Sie an Aregno vorbei nach **Pigna.** Das malerische Dorf ist heute ein kulturelles Zentrum Korsikas mit Musik (Festi voce, Festspiele), Casa Musicale (Restaurant und Musikzentrum), Instrumentenbauern, Kunsthandwerk (Casa di l'artignani) und Töpfern.

Weiterfahren auf der D 151 nach **Corbara**. Die Straße führt durch einen eindrucksvollen Friedhof. Rechts am Berg liegt das Kloster von Corbara. Es wurde 1430 von Nicola Savelli als Waisenhaus gegründet. Heute leben hier Dominikaner. Vor Corbara rechts (bergauf) abbiegen auf die D 263 nach Santa Reparata. In Corbara stehen zwei Burgruinen, die Savelli-Burg und das Castellu. In der Barockkirche ist schönes altes Mobiliar zu sehen. Auf der D 263 durch **Occiglioni** (Töpferort) fahren, vor Santa Reparata links abbiegen auf die D 13 nach Ile Rousse zum Parkplatz.

Das Dorf Pigna ist ein kulturelles Zentrum Korsikas, in dem u. a. Musiker, Instrumentenbauer und Töpfer leben und arbeiten.

22 Von Ile Rousse nach Ville-di-Paraso

Ile Rousse – Lozari – Belgodère – Ville-di-Paraso – Feliceto – Algajola – Ile Rousse

 Ausgangsort
Ile Rousse

 Tourenlänge
57 km

 Durchschnittlicher Zeitbedarf
4 Stunden

 Steigung
500 m

 Wegcharakter
Küstenstraße; Steigung bis Belgodère; ebene Strecke und bergab bis Algajola; Küstenstraße

 Interessantes am Weg
Ile Rousse; Küste; Belgodère; Balagne-Landschaft (Dörfer); Algajola

 Zu beachten
Wenige Steigungen, aber auch wenig Schatten

 Besondere Ausrüstung
Kopfbedeckung (evtl. Helm), Brille, Getränke

 Einkehrmöglichkeiten
Mehrere in Dörfern am Weg

 Geeignetes Kartenmaterial
Karte IGN Nr. 73: Haute Corse

Sie starten in **Ile Rousse** (siehe Tour 21) vom Parkplatz an der Post und fahren rechts auf der vielbefahrenen Küstenstraße N 197 Richtung Bastia. Achtung: In Lozari nach der Brücke rechts auf der N 197 bleiben, nach Belgodère! Die Straße windet sich sanft durch eine »Waldbrand-Balagne-Landschaft« am Berg hoch und kreuzt die Eisenbahnstrecke Calvi – Bastia. Auf dem Dorfplatz von **Belgodère** finden Sie Cafés zur Einkehr. Von der alten **Festung** (16. Jh.) lohnt die Aussicht ins Tal. In der Kirche **Saint Thomas** (1269) sind Holzgemälde und der Barockaltar sehenswert.

Vom Platz aus fahren Sie auf der D 71 Richtung Feliceto und Calvi. Bis Lumio ist die D 71 eine Höhenstraße, eingeklemmt zwischen den hohen Bergen und dem breiten Reginu-Tal, inmitten einer erfrischenden Balagne-Landschaft. Wie ein langer Balkon gewährt die Straße überall herrliche Ausblicke. Kurz hinter Belgodère, in einem engen Tal, liegt eine interessante alte *Olivenmühle*. Sie diente zur Herstellung des Öls. Beachtenswert sind die Wasserversorgung und das Schaufelrad innen.

Sie fahren an **Occhiatana** vorbei, dann durch **Costa** – rechts liegt das *Tuani-Kloster* (Privatbesitz) – nach **Ville-di-Paraso.** Schon vor dem Ort fallen die vielen Oliven- und Eukalyptusbäume, Eichen, Edelkastanien und Obstgärten auf. Die Kirchen lassen ebenso auf eine reiche Vergangenheit schließen, vor allem **Saint Simon** (Bilderausstellungen) und die Kapelle **Saint Roch** (Rochus). Im Dorf stehen ein Waschhaus (*lavoir*) und mehrere Brunnen.

Unterhalb von Speloncato (siehe Tour 23) fahren Sie auf der D 71 nach **Nessa.** Dort interessieren der Dorfplatz mit Barockkirche, die Ruine einer romanischen Kapelle im Friedhof und zahlreiche schöne Brunnen. Unterhalb vom Ort, auf der D 71, gibt es einen hervorragenden Schlachter, der korsisches Fleisch (Rind, Schaf, Schwein) und Wurstwaren (copa, lonzo u. a.) anbietet.

Sie fahren weiter nach **Feliceto**: Links gleich nach der Brücke liegt *»u Vecchiu*

Strand bei Ile Rousse.

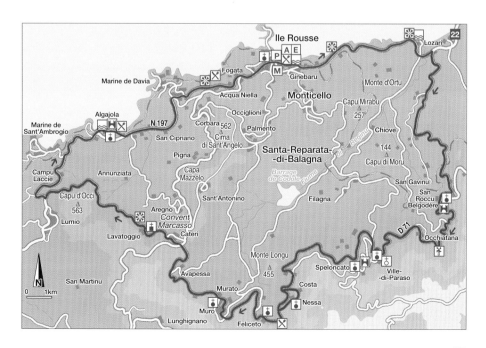

Mulinu«, eine alte, aber bewirtschaftete Olivenmühle und empfehlenswerte Gaststätte (nur abends). In Feliceto gibt es eine Barockkirche mit Doppelturm und eine Glasbläserei. Weiterfahren über **Muro** (Tour 21), Avapessa, Cateri – dort viele Handwerksbetriebe: Töpfer und Käse – links am *Kloster Marcasso* vorbei nach **Lavatoggio**. Kurz vor Lumio (siehe Tour 21) biegen Sie rechts bergab auf die N 197 Richtung Ile Rousse. Vor Algajola links in die Ortschaft abbiegen (gefährliche Kreuzung!). **Algajola** ist ein kleiner

genußreicher »Ferienbadeort« mit Restaurants, einer Bucht mit Sandstrand und schönen Wellen, die Möglichkeiten zum Surfen und Baden bieten. Algajola ist wahrscheinlich eine phönizische Gründung. Die genuesische Festung stammt aus dem 17. Jh. In der Kirche Saint Georges, benannt nach dem Schutzpatron Genuas, befinden sich eine geschnitzte Kanzel und Gemälde der Kreuzabnahme.

Aus dem Ort fahren Sie hinaus auf die N 197 nach Ile Rousse. Achtung: Es herrscht reger und schneller Verkehr!

Im Nordwesten Korsikas, zwischen Ile Rousse und Calvi, finden sich viele schöne Buchten mit Bademöglichkeiten.

23 Von Ile Rousse zum Battaglia-Paß

Ile Rousse – Lozari – Palasca – Olmi Cappela – Bocca di a Battaglia – Speloncato – Ile Rousse

 Ausgangsort
Ile Rousse

 Tourenlänge
61 km

 Durchschnittlicher Zeitbedarf
5 Stunden

 Steigung
1338 m

 Wegcharakter
Lange Steigung von Lozari bis zum Bocca a Croce; starke Steigung von Pioggiola bis zum Bocca di a Battaglia; Abfahrt ins Reginu-Tal

 Interessantes am Weg
Lozari-Tal; Berglandschaft bis Olmi Cappela; Bocca di a Battaglia (Aussicht), Speloncato

 Zu beachten
Wenig Schatten, starke Steigungen, steile und nicht ungefährliche Abfahrt

 Besondere Ausrüstung
Kopfbedeckung (evtl. Helm), Brille, Getränke (5 Liter)

 Einkehrmöglichkeiten
Mehrere in Dörfern am Weg

 Geeignetes Kartenmaterial
Karte IGN Nr. 73: Haute Corse

Sie starten in **Ile Rousse** vom Parkplatz an der Post und fahren auf der N 197 Richtung Bastia. In Lozari, nach der Brücke über den Reginu, an der zweiten Kreuzung rechts abbiegen auf die D 363 nach Palasca. Es folgt ein charakteristisches kor-

sisches Tal: Sie sehen Steinhütten für die Schafe und rechts oben auf einem Hügel Ruinen eines Dorfes, das angeblich wegen einer »Ameiseninvasion« verlassen wurde. Die Straße kreuzt die Bahnstrecke Bastia – Calvi, die sich am Berghang entlangschlängelt. Weiter oben bietet sich ein schöner Ausblick auf die Lozari-Bucht. Eine Kapelle steht links an der Straße. Vor **Palasca** kann man links tief unten und einsam im Tal den Bahnhof erblicken. Sie fahren durch das Dorf (Barockkirchturm) bis zur N 197, biegen dann links (bergauf) ab Richtung Ponte Leccia. Vor Toccone rechts (bergauf) abbiegen auf die D 963 nach Olmi Cappela. Über den *Bocca di u Pruno* (Achtung: frei weidende Kühe!) geht es zur Aussicht auf die Hochebene (siehe Tour 17), den *Bocca Capanna* und den *Bocca a Croce*. Auf der D 963 weiterfahren durch **Olmi Cappela**. Das Dorf liegt in einer schönen Edelkastanien- und Eichenlandschaft und inmitten einiger Olivenbaumhaine. Die Menschen hier leben von Schaf-, Rinder- und Pferdezucht, Honig- und »Canistrelli«(Gebäck)-Herstellung und ein wenig Waldwirtschaft. Die Straße verläuft unter dem erfrischenden Schatten der hohen Bäume. 2,5 km weiter rechts abbiegen auf die D 63 (bergauf) nach **Pioggiola**, einem kleinen Bergdorf mit einem guten korsischen Restaurant (Auberge Aghjola).
Hinter dem Dorf wird die Straße steiler bis zum **Bocca a Battaglia**. Dieser Paß läßt die schönste und weiteste Aussicht auf die Balagne genießen. Unten liegt Speloncato, in der Ferne Sant'Antonino. Die Abfahrt ist steil und nicht ungefährlich (wichtig sind gute Bremsen!) wegen frei weidender Kühe und Kälber. Sie fahren ins Dorf **Speloncato**, das einen malerischen Dorfplatz mit hohen Häuserfassaden hat. Auf dem Felsen sind die Ruinen einer Burg des Savelli-Geschlechts zu sehen. 2 km ent-

Tür in Ile Rousse.

fernt ist die **»Pietra Tafanatu«** (Stein mit Loch). Zweimal pro Jahr, am 8. April und am 8. September, erleuchtet die Sonne durch das Loch den Dorfplatz.

Aus Speloncato hinausfahren auf der D 63 (nicht nach Feliceto!) nach Ville-di-Paraso. An der Kreuzung mit der D 71 links über die D 71 (bergab) zur D 63 weiterfahren, dann immer geradeaus durch das Reginu-Tal nach **Monticello**, ein Dorf oberhalb von Ile Rousse mit schöner Aussicht auf Ile Rousse und die Granitinsel »la Pietra« (siehe Tour 21). In der Dorfkirche steht eine der berühmtesten Orgeln Korsikas (1733, eingebaut 1804). Im Sommer finden Orgelkonzerte statt.

Auf der D 63 fahren Sie bis Ile Rousse zurück.

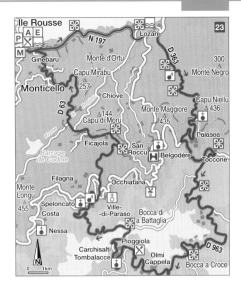

Auf der Insel La Pietra bei Ile Rousse.

24

24 Von Saint Florent zur Kapelle San Michele

Saint Florent – Oletta – Rapale – Santo Pietro di Tenda – Saint Florent

 Ausgangsort
Saint Florent

 Tourenlänge
33 km

 Durchschnittlicher Zeitbedarf
2,5 Stunden

 Steigung
460 m

 Wegcharakter
Steigung bis San Michele; dann Höhenstraße; teilweise Waldlandschaft

 Interessantes am Weg
Saint Florent; Oletta; Olmeta-di-Tuda; San Michele; Landschaft und Ausblicke auf die Nebbio-Ebene; Santo Pietro di Tenda

 Zu beachten
Relativ leichte Tour

 Eignung für Kinder
Für Kinder ab 12 Jahren geeignet; Rundfahrt durch Saint-Florent (mit großer Vorsicht) ab 5 Jahren geeignet

 Besondere Ausrüstung
Kopfbedeckung (evtl. Helm), Brille, Getränke

 Geeignetes Kartenmaterial
Karte IGN Nr. 73: Haute Corse

Die Stadt **Saint Florent** liegt auf einer Landspitze, die in eine Bucht ragt. Im Hinterland liegt die Nebbio-Ebene mit Bergkulisse. Saint Florent wurde wahrscheinlich schon in der Frühsteinzeit besiedelt, später haben Römer hier gelebt. Im 4. Jh. wurde der Ort Bischofssitz. Im 18. Jh. wurde die Stadt wegen zahlreicher und wiederholter Raubüberfälle und sowie der

Malaria fast ganz verlassen. Mitte des 19. Jh. wurde der Ort neu besiedelt. Er entwickelte sich zu einem angenehmen Ferien- und Seeort, mit einem Fischer- und Jachthafen. Die Altstadt liegt um die **Festung** herum, mit engen Gassen und einem schönen Platz, der *Place des Portes* (Platz der Türen). Die Festung ist ein Beispiel für militärische genuesische Architektur (1439). Eine Besichtigung ist leider nicht möglich. Vom Eingang bietet sich eine schöne Aussicht auf die dicht am Wasser gebauten Häuser (zur Kathedrale des Nebbio siehe Tour 25).

Sie starten vom Hafen und fahren auf die D 81 nach rechts, Richtung Oletta und Calvi. Nach ca. 1 km links auf die D 82 nach Oletta fahren. Vor Oletta führt links ein steiniger Weg gegenüber dem Grabdenkmal des Grafen Rivarola zum **Kloster Saint François.** Außer einem Glockenturm ist das Gebäude verfallen.

Sie fahren in das Dorf **Oletta.** Es liegt am Hügel und wird geprägt durch hohe

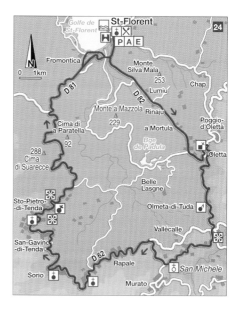

Oletta liegt an einem Hügel. Charakteristisch für diesen schönen Ort sind seine vielfarbigen Häuser. In der Kirche befindet sich ein Triptychon aus dem 16. Jh.

weiße, rosa- und ockerfarbene Häuser. Die Kirche **Saint André** (18. Jh.) wurde auf einem älteren Gebäude aufgebaut (siehe Bas-Relief an der Fassade). Innen befindet sich ein auf Holz gemaltes Triptychon (1534).

Sie fahren weiter auf der D 82 Richtung Murato. Rechts an der Straße liegt **Olmeta-di-Tuda,** ein malerisches Dorf mit Burgruine und vielen Ulmen. Von der Ringstraße blicken Sie auf die Nebbio-Ebene. Auf der D 82 fahren Sie durch eine Plateaulandschaft mit Olivenbäumen, Weinbergen und Edelkastanien. Ca. 4 km nach Olmeta-di-Tuda, nach dem **Bocca di Santu Stefano** (Panorama!) geradeaus auf der D 5 weiterfahren Richtung Murato und Rapale. Rechts vor der Abzweigung geht es nach **Murato**; hier steht die Kapelle **San Michele.** Auffallend an dem romanischen Gebäude (wahrscheinlich 12. Jh.) ist die unschöne Erhöhung des Turms (19. Jh.). Die Kapelle liegt einsam auf einem Vorsprung über dem Bevincu-Tal. Sie hat ein zweifarbiges Mauerwerk aus dunkelgrünem Serpentin und weißem Kalkstein.

Rundherum stehen kleine Skulpturen. Rechts auf der D 162 weiterfahren Richtung Rapale. 2 km weiter biegen Sie auf die D 62 links ab und fahren über **Rapale** nach **Pieve.** An der dortigen Kirchenfassade wurden zwei Menhirstatuen eingebaut. Weiterfahren nach **Sorio,** einem weit verstreuten Dorf inmitten Edelkastanien und Eichen. Die Kirche Sainte Marguerite stammt aus dem 13. Jh.

Weiter geht es bis **Santo Pietro di Tenda.** Dort genießen Sie den Ausblick auf die Nebbio-Ebene und die Wüste »Désert des Agriates«. Zwei Barockkirchen und ein Glockenturm überragen die Häuser. Auf der D 62 weiterfahren. 800 m hinter dem Ort liegen rechts unten die Ruinen der **Kirche San Pietro** (erste Hälfte des 13. Jh.) mit Skulpturen mit erstaunlichen Tier- und Menschenmotiven.

Sie fahren weiter auf der D 62. An der Kreuzung mit der D 81 rechts abbiegen nach Saint Florent (schöne Aussicht auf die Stadt und den Golf). An der Kreuzung mit der D 82 biegen Sie links ab nach Saint Florent, etwas weiter links zum Hafen.

Malerischer Sonnenuntergang bei Saint Florent.

25 Von Saint Florent zum Col de Teghime

Saint Florent – Patrimonio – Col de Teghime – Oletta – Saint Florent

 Ausgangsort
Saint Florent

 Tourenlänge
 33 km

 Durchschnittlicher Zeitbedarf
2,5 Stunden

Steigung
536 m

 Wegcharakter
Steigung bis zum Paß, Plateaustraße und Ab-fahrt

 Interessantes am Weg
Saint Florent (Kathedrale des Nebbio, siehe auch Tour 24); Patrimonio (Winzerdorf), Aussicht am Col de Teghime; Oletta

 Zu beachten
Kurze Strecke, aber ein Paß; wenig Vegetation und wenig Schatten

 Eignung für Kinder
Für Kinder ab 12 Jahren geeignet

 Besondere Ausrüstung
Kopfbedeckung (evtl. Helm), Getränke, Verpflegung

 Varianten
Abstecher bis Serra di Pigno (plus 400 Hm)

 Geeignetes Kartenmaterial
Karte IGN Nr. 73: Haute Corse

Sie starten in **Saint Florent** am Hafen und fahren zur D 8; dort links abbiegen nach **Patrimonio.** Der Ort ist berühmt für seine Weine. Ihre Qualität ist so gut, weil hier der Boden sehr kalkhaltig ist. Hauptsächlich überwiegen zwei Rebsor-

ten: *Niellucio* für Rotweine – der Wein ist taninhaltig herb mit elegantem Bouquet – und *Vermentino* für Weißweine (trocken und dezent fruchtig). Der Rotwein eignet sich zu Fleischgerichten, besonders zu Wild, Coppa und Lonzo. Der Weißwein schmeckt zu Fisch, Muscheln und Krustentieren. Der Rosé, eher ein »Sommerwein«, paßt zu Salaten und korsischer Fischsuppe. Die Kirche **Saint Martin,** mit eleganten Proportionen, liegt in schöner Landschaft. Sie stammt aus dem 16. Jh., wurde aber im 19. Jh. umgebaut (Turm). Innen ist ein bemaltes Gewölbe zu sehen. In einem Garten nicht weit von der Kirche steht eine **Menhirstatue** (»u Nativu«). Sie wurde 1964 von einem Winzer entdeckt und stammt aus dem 9.–8. Jh. v. Chr.

Weiter geht es auf der D 81 zum **Col de Teghime**, Richtung Bastia. Am Paß gibt es eine wunderbar weite Aussicht auf Ost- und Westküste. Ein Kriegsdenkmal erinnert an die Befreiung Frankreichs von den Nazis.

Variante: Etwas hinunterfahren auf der D 81 Richtung Bastia, links abbiegen auf die D 338 nach Serra di Pigno (967 m). Von hier geht die Aussicht bis zum Cap Corse**.**

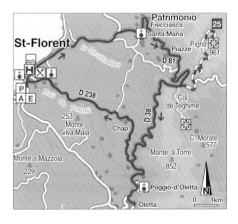

Saint Florent liegt auf einer Landspitze, die in eine Bucht ragt. Der Ort wurde wahrscheinlich bereits in der Jungsteinzeit besiedelt.

Am Paß biegen Sie rechts ab auf die D 38 Richtung Oletta. Über Poggio-d'Oletta fahren Sie nach Oletta (siehe Tour 24); von Oletta zurück über Poggio-d'Oletta auf der D 38. Kurz hinter Poggio biegen Sie links ab auf die D 238 nach Saint Florent. Kurz vor der Stadt liegt die ehemalige **Kathedrale des Nebbio**. An dieser Stelle gab es eine frühe Römersiedlung und vor dem 4. Jh. eine erste Kirche. Heute steht hier eines der größten Kirchengebäude Korsikas, ein romanischer Bau (12. Jh.) mit drei Schiffen. Der Turm ist im 19. Jh. verschwunden. Am Gesims befinden sich Tiermotive. Im Innenraum: Kapitelle mit Tierskulpturen. In der Apsis steht eine vergoldete Statue aus Holz von Saint Flor, einem römischen Soldaten und Märtyrer im 3. Jh. Rechts unterhalb befindet sich der Reliquienschrein. An der Kirche sind noch Grundmauern der ge-

planten Bischofsresidenz (17. Jh) zu sehen. Auf der D 238 fahren Sie nach Saint Florent zurück, über die D 81 kommen Sie zum Hafen.

Die Weine des Ortes Patrimonio haben einen exzellenten Ruf.

26

26 Von Bastia zur Lancone-Schlucht

Bastia – Col de Teghime – Oletta – Olmeta-di-Tuda – Défile de Lancone – Bastia

 Ausgangsort
Bastia

 Tourenlänge
41 km

 Durchschnittlicher Zeitbedarf
3,5 Stunden

 Steigung
687 m

 Wegcharakter
Heftige Steigung, Höhenstraße, Abfahrt

 Interessantes am Weg
Bastia; Col de Teghime; Oletta; Olmeta-di-Tuda; Schlucht Défile de Lancone

 Zu beachten
Starke Steigungen und auf dem Rückweg 9 km Fahrt an gefährlicher vierspuriger Schnellstraße; wenig Schatten

 Besondere Ausrüstung
Kopfbedeckung (evtl. Helm), Getränke, Verpflegung

 Geeignetes Kartenmaterial
Karte IGN Nr. 73: Haute Corse

Die korsische Hauptstadt **Bastia** blickt auf eine wechselvolle Geschichte zurück. 1370 ließ der genuesische Gouverneur eine neue Festung an einem natürlichen Hafen bauen. Dank der günstigen handelstrategischen Lage wurde Bastia im Laufe der Jahrhunderte zur Hauptstadt Korsikas. Im 18. Jh. verschlechterte sich die Situation wegen Plünderungen und Angriffen. Erst unter der Herrschaft Napoléons III. belebte sich die wirtschaftliche Lage der Stadt: Ein neuer Hafen entstand, und es erfolgte der Bau der Eisenbahn. Die heutige Ausdehnung im Süden ist unter ökonomischen Gesichtspunkten erfreulich – wenn auch etwas chaotisch: Industrie- und Gewerbegelände, ein Flughafen, Hoch- und Tiefbauunternehmen und eine Brauerei nehmen immer mehr Raum ein.

Bastia besteht aus zwei großen Vierteln: **Terra Vecchia** (Altstadt) und **Terra Nova** (Festung: siehe Tour 27). **Place Saint Nicolas** ist das moderne Stadtzentrum mit Palmen, Platanen und Cafés sowie einer Statue (1854) Napoléons I. Die *Rue Napoléon* führt zur **Kapelle Saint Roch**, einem Barockbau (1606) mit neoklassizistischer Fassade (1900 umgebaut). Die Wände im Innenraum sind mit roter Seide behangen, am Gewölbe hängt ein großes Bild des heiligen Rochus. Über dem Hochaltar aus buntem Marmor hängt ein Gemälde der Jungfrau mit Kind und Saint Roch.

Etwas weiter in der Straße, auf einem kleinen Platz mit Kieselsteinmosaik, befindet sich die **Kapelle de la Conception** (der unbefleckten Empfängnis). Der erste hier existierende, zusammengestürzte Bau wurde 1611 wiedererrichtet. Der Innenraum wurde im 18 Jh. reich verziert mit Gold und Marmor. Beachtenswert sind die Fresken an der Decke (Trompe l'oeil), der rote Samt an den Wänden, das Chorgestühl aus Nußholz und ein Gemälde Marias über dem Hochaltar (1624). In der Sakristei ist ein Museum.

Die *Rue Napoléon* wird zur *Rue des Terrasses* und führt zum alten Hafen. Dort steht die Pfarrkirche **Saint Jean Baptiste** (1636 – 66) mit klassizistischer Zweiturmfassade. Sie besitzt eine reiche

Häuserfassaden am Hafen in der korsischen Hauptstadt Bastia.

Innenausstattung mit Stuck und Trompe l'oeil-Malereien. Interessant ist auch das Santon Museum (kleine Tonfiguren für die Weihnachtskrippe).

Sie starten auf dem Place Saint Nicolas (Parkplatz am Hafen). Sie fahren Richtung Ajaccio und Corte auf den Straßen *Rue Miot, Bvd. Paoli, Bvd. Gaudin* (an der Festung vorbei), *Cours D. Favale* und *Rue César Vezzani* aus der Stadt. In **Lupino** (nicht auf die vierspurige Schnellstraße) rechts abbiegen auf die D 264 Richtung Col de Teghime, 6 km weiter links auf die D 81. Am Paß bietet sich eine herrliche Aussicht auf die Ost-und Westküste.

Sie fahren weiter auf der D 38 Richtung **Oletta** und **Olmeta-di-Tuda** (siehe Tour 25). Am **Bocca di Santu Stefanu** links abbiegen auf die D 62 Richtung Défilé de Lancone, Casatorre und Bastia. Die Abfahrt führt durch die Lancone-Schlucht. Der Bevincu wird hier ein reißender Wild-

bach, der eine tiefe Klamm gegraben hat. Verschiedenfarbige Schiefer sind zu erkennen. Die Aussicht auf die Ebene des

Étang de Biguglia und die Ostküste ist eindrucksvoll. In Cassatorra biegen Sie auf die N 193 links ab nach Bastia. Achtung: Die N 193 hat vier Spuren und ist gefährlich. In Bastia fahren Sie durch die Stadt zum Parkplatz Place Saint Nicolas zurück.

Die Abfahrt durch die Lancone-Schlucht bietet herrliche Aussichten.

27 Auf der Höhenstraße durch die Dörfer um Bastia

Bastia – Ville-di-Pietrabugno – San-Martino-di-Lota – Miomo – Pietranera – Bastia

Ausgangsort
Bastia

Tourenlänge
29 km

Durchschnittlicher Zeitbedarf
2,5 Stunden

Steigung
390 m

Wegcharakter
Höhenstraße (»corniche supérieure«) und befahrene Küstenstraße

Interessantes am Weg
Bastia; Höhenstraße durch die Dörfer um Bastia, Aussicht

Zu beachten
Relativ wenig Steigung, aber auch wenig Schatten

Eignung für Kinder
Für Kinder ab 12 Jahren geeignet

Besondere Ausrüstung
Kopfbedeckung (evtl. Helm), Brille, Getränke

Geeignetes Kartenmaterial
Karte IGN Nr. 73: Haute Corse

Zwischen den Vierteln Terra Vecchia und Terra Nova (siehe Tour 26) in **Bastia** liegt der **alte Hafen** (natürliche Bucht). Zur malerischen Kulisse gehören alte Häuser, die Kirche, Fischerboote und Jachten sowie alte Kaimauern. Auch die **Festung** mit ihren hohen Befestigungsmauern liegt über dem Hafen. Das Haupttor führt von der *Place des Armes* (Paradeplatz) hinein. Innen befindet sich die Kirche **Sainte Marie** von 1495. 1570 wurde sie Bischofskirche anstatt der Kirche in Vescovato (siehe Tour 15). 1604 – 19 erfolgte eine Vergrößerung durch eine Fassade in Triptychonform und einen viereckigen Turm. Im Innenraum sind beachtenswert: die rosa-goldene Verzierung, Fliesen aus buntem Marmor und ein Gemälde auf Holz (Himmelfahrt Mariä, 1512) von L. d'Aquila. Hinter einer Vitrine steht eine Statue der Jungfau in Silber von G. Macchi (1856). Die Kapelle **Sainte Croix** (Heiliges Kreuz) weist im Innenraum eine Rokokoausstattung (frz. Louis-quinze-Stil) mit vergoldetem Stuck und pastelblauer Täfelung des Gewölbes auf. Der Hochaltar ist aus buntem Marmor (Anfang 19. Jh.), in der linken Seitenkapelle steht ein mittelalterliches Kruzifix

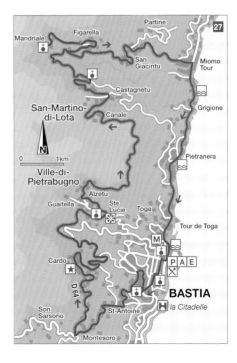

aus Eiche (»le Christ noir: der schwarze Christus), das Fischer im Meer gefunden haben sollen und das seitdem ihr Gnadenbild ist. Der **Gouverneurspalast** mit Wehrturm (15. Jh.) ist für sich eine kleine Festung und beheimatet heute das **Völkerkundemuseum** Korsikas.

Sie starten auf der **Place Saint Nicolas** (Parkplatz am Hafen) Richtung Saint Florent und Col de Teghime durch die *Rue*

Gumpen an der Strecke ermöglichen ein erfrischendes Bad.

Am Wegesrand entdeckt: typisches korsisches Steinhaus.

Miot und den *Bvd. Paoli*. Vor dem Justizpalast biegen Sie rechts ab auf die D 81 (*Bvd. Général Giraud*). Nach dem Kloster Montserato rechts abbiegen auf die D 64 nach **Cardo** und Ville-di-Pietrabugno (»Route de la Corniche supériere«: obere Höhenstraße). Sie fahren durch Cardo (schöne Villen wohlbetuchter Bürger Bastias) und biegen knapp 1 km weiter links ab auf die D 231, dann wieder links auf die D 31 nach **Ville-di-Pietrabugno**. Von der Kirche **Santa Lucia** gibt es eine weite Aussicht auf Bastia und die Küste. Bei guter Witterung kann man die Inseln Capraia, Elba und Monte Christo erblicken. Weiterfahren auf der D 31 durch die Gemeinde **San-Martino-di-Lota** mit malerischen Dörfern. **Canale** ist ein kleiner, von Edelkastanien umgebener Ort. In **Acqualta** steht die Kirche San Martino: Sie wurde im 16. Jh. als Wehrkirche errich-

tet, immer wieder umgebaut, zerstört und wieder renoviert; in der Apsis steht eine Marienstatue (13 Jh.). Vor **Anneto** (Kapelle San Sabastiano) bleiben Sie links auf der D 31.

Hinter dem Bach Poggiolo links abbiegen nach **Figarella** (der Name kommt von »figue«: Feige). Weiterfahren nach Mandriale. Dort führt eine alte genuesische Brücke über den Poggiolo (16. Jh.). In **Mandriale** ist die Kirche Santa Maria Assunta (Himmelfahrt) aus dem 16. Jh. beachtenswert.

Zur D 31 zurückfahren, dort biegen Sie links ab nach **Miomo** (kleine Marina mit genuesischem Turm).

In Miomo biegen Sie rechts ab auf die D 80 und fahren über Pietranera nach Bastia. Achtung: An der Küstenstraße herrscht reger Verkehr. In Bastia fahren Sie Richtung Hafen und Parkplatz.

28

28 Von Pino nach Canelle

Pino – Minerviu – Canelle – Canari – Conchigliu – Pino

 Ausgangsort
Pino

 Tourenlänge
42 km

🕐 **Durchschnittlicher Zeitbedarf**
3 Stunden

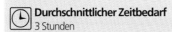 **Steigung**
640 m

 Wegcharakter
Höhenstraße zwischen Meer und Bergen, starke Steigungen und Abfahrten

🏠 **Interessantes am Weg**
Cap Corse (Nordspitze Korsikas); Dörfer Pino und Canari

⚠ **Zu beachten**
Wenig Vegetation, wenig Schatten; starke Steigungen; häufig Wind an der Westküste!

☀ **Besondere Ausrüstung**
Kopfbedeckung (evtl. Helm), Brille, Getränke, Verpflegung, Badezeug (Bademöglichkeiten in den Marinas)

📖 **Geeignetes Kartenmaterial**
Karte IGN Nr. 73: Haute Corse

Cap Corse liegt wie ein »Finger im Meer«. Die Nordspitze der Insel ist 40 km lang, 10–12 km breit, der Gebirgskamm (Schiefer und Kalkstein) ist durchschnittlich 1000 m hoch. Diese natürlichen Gegebenheiten haben die Geschichte der dort lebenden Menschen beeinflußt. Erst unter Napoléon III. wurde eine Straße (D 30) an der steileren und zerklüfteten Westküste gebaut. (Unter dem Einfluß der Westwinde ist hier auch das Klima härter.) Wegen dieses Mangels an Verbindungen mit der Insel haben sich die Menschen intensiver dem Meer zugewandt. Jedes **Dorf** besitzt eine **Marina**, einen kleinen Zugang zum Meer mit Hafen und Lagerhäusern, wo die Fischer ihre Erzeugnisse verkaufen. Die Bewohner sind auch noch heute beachtliche **Fischer**; man kann vielerorts Fisch und Krustentiere genießen.

Die Dörfer mit ihren typischen Häusern liegen hoch über dem Meer in einer günstigen Verteidigungslage (genuesische

Türme) inmitten einer von der Landwirtschaft gestalteten Umwelt mit Terrassen voller Olivenbäume, Obstgärten, Feigen und Zedratzitronen. Auch der Wein vom Cap ist sehr empfehlenswert: ein kräftiger, herber, aber nicht uneleganter Rotwein. Weiter oben in den Bergen weiden Rinder, Schafe und immer weniger Ziegen. Abgesehen von den Waldbränden, führt die übliche Tierhaltung und Weidewirtschaft zum Verschwinden der Wälder: Ab einer bestimmten Höhe wächst nur noch Macchia (Buschwald).

Sie starten in **Pino,** in einer schönen Cap-Corse-Landschaft. In der Kirche **Sainte Marie** sind Barockverzierungen beachtenswert, weiterhin Fresken am Gewölbe und ein Triptychon (16. Jh.). An der Marina von Scalo (Pino) stehen ein genuesischer Turm und das Couvent (Kloster) **Saint François** (1486) mit interessanten Fresken in der Kapelle.

Auf der D 80 fahren Sie Richtung Canari. Die Höhenstraße klammert sich an den Hang zwischen den Bergen und dem blauen Meer. Über **Minerviu**, die **Marina de Giottani** (weißer Kalkstein tritt hier auf) mit dem genuesischen Turm (Bademöglichkeit) und **Marinca** fahren Sie weiter auf der D 80 nach Canelle. **Canelle** ist ein kleines Fischerdorf (Bademöglichkeit).

Von der D 80 links bergauf auf die D 33 abbiegen nach **Canari**. Dort gibt es zwei interessante Kirchen: **Santa Maria Assunta** (Himmelfahrt) in Pieve (Ortsteil von Canari), mit pisanisch-romanischem Stil aus dem 12. Jh. (große grüne Schieferplatten; Skulpturen mit Tier-und geometrischen Motiven, menschlichen Gesichtern, Masken) und die Barockkirche **Saint François** mit isoliertem Kirchturm für die Seefahrer. In ihr befindet sich ein Tafelbild mit Sankt Michael, der einen Drachen tötet (15. Jh.), und eine Grabplatte der Vittoria Gentile (gest. 1590), die ihre Tochter auf dem linken Arm und das Modell der Burg von Canari in der rechten Hand hält.

Aus dem Dorf fahren Sie hinaus auf der D 33; dann über Conchigliu zurück nach Pino.

Die Gemeinde Canari liegt an der Nordspitze Korsikas, dem Cap Corse.

Cap Corse: Jedes Dorf besitzt einen Zugang zum Meer – hier Marine de Scalo.

29 Von Macinaggio nach Port de Centuri

Macinaggio – Rogliano – Ersa – Port de Centuri – Pruno – Marine de Meria – Macinaggio

 Ausgangsort
Macinaggio

 Tourenlänge
39 km

 Durchschnittlicher Zeitbedarf
3,5 Stunden

 Steigung
740 m

 Wegcharakter
Fahrt von der Westküste zur Ostküste (Steigung: 365 m) und zurück (Steigung: 375 m)! Enge, im Sommer vielbefahrene Straßen

 Interessantes am Weg
Landschaft des Cap Corse; Dörfer Bettolacce, Barcaggio und Cannelle; Port de Centuri

 Zu beachten
Wenig Vegetation, wenig Schatten, häufig Wind

 Besondere Ausrüstung
Kopfbedeckung (evtl. Helm), Brille, Getränke, Verpflegung, Badesachen

 Einkehrmöglichkeiten
In Port de Centuri

 Varianten
Abstecher nach Barcaggio (plus 17 km, Steigung: 315 Meter)

 Geeignetes Kartenmaterial
Karte IGN Nr. 73: Haute Corse

Macinaggio, schon in der Antike als Landeplatz bekannt, war ein Hafen für Fischer und Händler, der auch militärisch interessant war wegen der günstigen strategischen Lage. Heute ist Macinaggio ein beliebter Jachthafen und vielbesuchter Ferienort.

Sie starten am Parkplatz am Hafen auf der D 80 Richtung Bettolacce und Port de Centuri. Vor der Kapelle Sant'Anna biegen Sie links ab auf die D 53 nach Bettolacce, am Kreuz bleiben Sie rechts auf der D 53.

Bettolacce gehört zur Gemeinde Rogliano. Ein großer Turm (*Tour Franceschi*) und zwei Kirchen überragen das Dorf. Neben der Kirche Saint Côme ist vor allem **Saint Damien** (16. Jh.) mit klassizistischer Fassade (18. Jh.) interessant. Der Hauptaltar ist aus weißem Carrara-Marmor, das elegante Chorgitter wurde von Kaiserin Eugénie, der Frau von Napoléon III., gestiftet. Die Kirche Saint Agnel stammt aus dem 16. Jh. Im Ort Vignale finden sich Ruinen der Burgen »Castello« und »Castellaccio« (12. Jh.).

Sie fahren weiter auf der D 53 über Quercioli Richtung Botticella und Port de Centuri. Links auf die D 80 abbiegen, dann über den *Col Saint Nicolas* nach **Botticella** (Gemeinde Ersa). In der Kirche

Blick von der Ostküste des Cap Corse.

Sainte Marie sind geschnitzte Barocktabernakel zu bewundern. Von hier gibt es eine schöne Aussicht auf Barcaggio und die Insel Giraglia.
Folgende *Variante* ist möglich: In Botticella rechts abbiegen auf die D 153, 100 Meter weiter wieder rechts auf die D 253 nach Barcaggio. Die Landschaft wird im Tal wilder. **Barcaggio** ist ein kleiner Fischerhafen mit Sandstrand. 2 km vor der Küste liegt die nördlichste Spitze Korsikas: die Insel Giraglia, auf der ein 26 m hoher Leuchtturm steht. Sie fahren auf der D 253 weiter und biegen dann rechts ab nach **Tollare,** einem Ort mit alten und malerischen Schieferhäusern an einer kleinen Bucht mit Strand. Von Tollare fahren Sie zurück zur Kreuzung und biegen rechts ab auf die D 153 nach Botticella (dort Ende der Variante).
In **Botticella** biegen Sie rechts ab auf die D 80 zum *Bocca di Serra*. Auf dem Bergrücken stehen auf Korsika seltene Windmühlen, die »Moulin Mattei«. Von diesem Punkt hat man eine Sicht über das ganze Kap.
Auf der D 80 weiterfahren nach **Camera** (Gemeinde Centuri). Zwei Burgen standen hier, sie wurden jedoch im 19. Jh. zerstört. In Camera biegen Sie rechts ab (Achtung Haarnadelkurve!) auf die D 35 Richtung Port de Centuri und kommen

Port de Centuri gilt als die schönste Marina Korsikas.

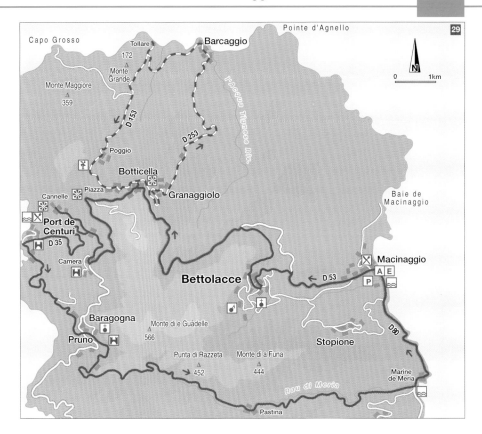

nach **Cannelle** (rechts bleiben!), einem kleinen blumigen Bergdorf, dessen enge Gassen und Treppen mit Schieferplatten gepflastert sind.

Dann zur D 35 zurückfahren und rechts abbiegen nach **Port de Centuri**, der schönsten Marina Korsikas: Schon im 6. Jh. v. Chr. war Centuri ein begehrter Ankerplatz. Die Insel vor dem Hafen war seit dem 13. Jh. befestigt. Später war Port de Centuri auch Handelshafen für Erzeugnisse des Hinterlandes. Um den Hafen herum stehen alte, getünchte und mit Schieferplatten bedeckte Häuser. Heute ist **Centuri** vor allem ein Fischerhafen. Angelandet werden vor allem Langusten,

aber auch Rötlinge (*rouget*), Goldbrassen (*daurade*), Zahnbrassen (*denti*) u. a. Im Ort gibt es mehrere Einkehrmöglichkeiten. Sehenswert sind auch Turm und Kapelle Santa Maddalena.

Sie fahren zurück zur D 35 und biegen rechts ab nach Baragogna, dann geht es schräg links über die D 80. Auf der D 35 weiterfahren Richtung Marine de Meria nach **Pruno** (Gemeinde Morsiglia, siehe Tour 30). Sie fahren über einen Paß ohne Namen. Durch das einsame Meria-Tal folgt eine abenteuerliche Abfahrt (siehe Tour 30). In der Marine de Meria geht es links auf die D 80 (vielbefahrene Küstenstraße) nach Macinaggio.

30 Von der Marina de Meria zum Seneca-Turm

Marine de Meria – Pruno – Pino – Piazza – Santa Severa – Marine de Meria

Ausgangsort
Marine de Meria

Tourenlänge
40 km

Durchschnittlicher Zeitbedarf
3,5 Stunden

Steigung
407 m

Wegcharakter
Von der Ostküste 10 km Paßauffahrt auf einer einsamen Straße (siehe Tour 29), zur Westküste und wieder zurück

Interessantes am Weg
Cap-Corse-Landschaft (Küste und Berge); Dörfer Pruno und Piazza; Tour de Sénèque (Seneca-Turm)

Zu beachten
Zwei Pässe auf der Strecke; auf den Bergen wenig Vegetation, wenig Schatten

Besondere Ausrüstung
Kopfbedeckung (evtl. Helm), Brille, Getränke, Verpflegung, Badesachen

Geeignetes Kartenmaterial
Karte IGN Nr. 73: Haute Corse

Sie starten an der **Marina de Meria**. Auf der D 36 fahren Sie Richtung Pruno und Morsiglia. Die Straße, zuerst noch flach,

führt durch das Tal des Baches Meria, an Feldern und Weiden, verlassenen Bauernhöfen und Bergwerken vorbei. Am Wasser wachsen noch hohe Bäume. Auf den kahlen Bergkämmen rechts und hauptsächlich links (beim Dorf Meria) stand der schönste Eichenwald Korsikas; er brannte leider 1989 ab. Die Vegetation wird allmählich dünner, Laubbäume werden durch immergrüne Pflanzen (Macchia) ersetzt. Auf dem Bergrücken zwischen den Küsten weiden Rinder, Schafe und einige Ziegen. Sie fahren über einen Paß ohne Namen (Aussicht). Die Westküste ist steiler, und bald geht die Abfahrt durch Wald bis **Pruno** (Gemeinde Morsiglia). Das Dorf reicht bis zum Meer hinunter und liegt in einer Art aus Felsklippen gebildetem Amphitheater. Pruno wurde früher von mehreren viereckigen Türmen (Fluchtburgen) verteidigt. Familiengräber (Mausoleen), Palmen und Zypressen, Eichen, Edelkastanien und Obstgärten ergeben eine besondere Stimmung. In Pruno biegen Sie links ab auf die D 80 Richtung Canari und Pino. Die Höhenstraße führt an der Westküste am Golf von Alisu vorbei (Bademöglichkeit) bis **Pino** (siehe Tour 29).

In Pino links abbiegen auf die D 180 zum **Col de Santa Lucia,** Tour de Sénèque und Piazza. Vom Paß aus fahren Sie auf der kleinen Straße rechts weiter (plus 1 km, zu Fuß 300 m). Mitten in einer wilden und zerklüfteten Landschaft taucht der »**Turm Senecas**« auf. Vom Turm bietet sich ein herrliches Panorama auf beide Küsten und bei guter Witterung bis Capraia, Elba und Monte Christo im Osten. Seneca soll an diesen Ort verbannt worden sein – er hatte die Nichte des Kaisers Claudius verführt – und hier die Abhandlung über den Trost geschrieben haben. Wahrscheinlicher ist jedoch, daß er sich in den römischen Kolonien (Aleria oder Mariana) aufhalten mußte. Im Mittelalter war dieses Bauwerk der Wehrturm einer Burg. Es gab keine Tür, nur durch das Fenster konnte man mit einer Leiter ins Innere gelangen.

Sie fahren zur D 180 zurück und biegen rechts ab nach Piazza. Die Gemeinde **Luri** besteht aus mehrerern Dörfern und liegt in einem vor Winden (Libeccio und Maestrale) geschützten Tal. In **Piazza** findet sich in der Kirche Saint Pierre (17. Jh.) ein kurioses Tafelbild (Anfang 16. Jh.), Sankt Petrus darstellend: Im Hintergrund kann man die Burgen des Cap Corse erblicken, San Colombano (geschleift) und Motti (Tour de Sénèque).

Sie fahren auf der D 180 das Luri-Tal hinunter. Kurz vor Campo führt links eine kleine und schlechte Straße zum verlassenen Dorf **Mata**. In Santa Severa biegen Sie links ab auf die D 80 (befahrene Küstenstraße!) und fahren zurück nach Marina de Meria.

Gasse in Meria.

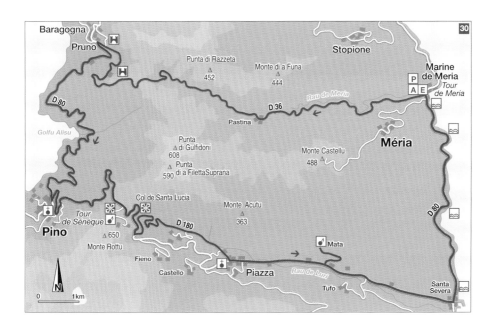

Informationen zum Radfahren auf Korsika

Informationen zum Radfahren auf Korsika

Hinweis zu den Touren dieses Buchs

Alle Touren in diesem Buch haben jeweils denselben Ausgangsort und Endpunkt. Der angegebene Zeitbedarf entspricht der reinen Fahrzeit, also ohne Besichtigungszeiten, Rast und Einkehr.

Vorbereitung

Zur Vorbereitung sollten Sie *trainieren*: Fahren Sie bereits 1–2 Monate vor Ihrem Korsika-Aufenthalt ein- oder zweimal pro Woche Strecken von 20 bis 40 km Länge mit Steigungen.

Reiseführer

Zu empfehlen sind für Korsika der »Michelin« (deutsche Ausgabe) und der »Guide Bleu« (französisch). Beide enthalten viele allgemeine Informationen.

Karten

Für ganz Korsika sind die Karten des Institut Geographique National (IGN), Blatt Nr. 73: Haute Corse und Nr. 74: Corse du Sud, Maßstab jeweils 1:100 000, zu empfehlen.
Die *Beschilderung* der Straßen ist oft beschädigt oder fehlt streckenweise ganz. Das hat zur Folge, daß genau nach Karte gefahren werden muß. Sie sollten also Höhenlinien beachten und natürliche Elemente wie Brücken und Bäche oder auch Kilometersteine, auf denen die Straßennummer steht.

Günstigste Jahreszeiten

Angenehm sind Frühling und Herbst. Jedoch schon ab Mitte Mai kann sommerliche Hitze einsetzen, die bis Anfang Oktober andauern kann. Der Sommer ist wirklich heiß und trocken: Dann sollten Sie frühmorgens losfahren. Bei Kindern und älteren Menschen kann zu starke Hitze zur Gefahr werden. Auf jeden Fall sollten Sie die große Mittagshitze vermeiden.

Rad

Da Korsika »ein Berg im Meer« ist, ist ein *Touren- oder Trekkingrad* mit Kettenschaltung (drei Blätter und sieben Ritzel) eine gute Lösung. Die Straßen sind oft eng, und der Belag ist häufig in einem nicht sehr guten Zustand. Es gibt zahlreiche Steigungen, die eine optimale Übersetzung erfordern.
Die *Reifen* sollten nicht zu schmal, aber auch nicht zu breit und ohne Stollen sein. Richtigen Reifendruck beachten! Rennräder sind nur für kurze und schnelle Touren geeignet, die Gefahr eines »Platten« und Felgenschadens ist größer. Mountainbikes rollen zu schlecht auf harter Fläche. Korsikas oft steile Abfahrten setzen *Bremsen* in gutem Zustand voraus: Zu empfehlen sind Cantileverbremsen und neue Bremsgummis (neuere Modelle bremsen auch bei Nässe). Bremskabel sollten ebenfalls neu und gut geschmiert sein.
Die *Tretlager* und *Naben* sollten Sie vor größeren Touren überholen und schmieren lassen.
Klickpedale oder *Schlaufen* erleichtern

das Treten: Der Fuß ist in der richtigen Stellung, der Kraftverlust ist geringer. Die *Kette* muß in bestem Zustand, d. h. geschmiert sein. Bei Schaltmanövern behutsam vorgehen, denn Kettenglieder können verbogen werden.
Wenn Sie *Reisegepäck* mitnehmen: Satteltaschen an Gepäckträgern hinten und nur notfalls vorne anbringen. Für Karten etc. sind Lenkertaschen geeignet.
Die *Sattelhöhe* sollten Sie richtig einstellen (die Ferse soll mit durchgedrücktem Knie auf der Pedale sein), sonst kann es zu Rückenschmerzen oder Kraftverlust kommen.

Verkehrsbestimmungen

Grundsätzlich gelten die gleichen Regeln wie in Frankreich und in Deutschland (siehe auch Wortschatz). Die Grundregeln für Sicherheit sind: rechts fahren und nie zu zweit nebeneinander, links überholen, auf Autotüren aufpassen (in den Rückspiegel derjenigen Person sehen, die aussteigen will, und darauf achten, ob sie nach hinten schaut). Ein Abbiegen immer mit dem Arm anzeigen und dabei nach hinten schauen. Helle Kleidung trägt dazu bei, daß der Radfahrer besser gesehen wird. Vermeiden Sie nachts zu fahren, auch mit guter Beleuchtung. Bei Nässe sollten Sie vorsichtig fahren, weil auch gute Bremsgummis eine gewisse Verzögerung haben. Gerade in den Sommermonaten der Hauptferienzeit sind die breiteren Straßen (siehe Karte: Nationale und Départementale) von Einheimischen und Touristen vielbefahren. Beide Gruppen fahren nicht unbedingt rücksichtsvoll, weil im Winter wenig Verkehr auf der Insel ist und Touristen zudem die Straßen und die Fahrweise nicht kennen. Schmale Bergstraßen haben häufig enge Kurven, schlechten Asphalt, Roll-

splitt und Steine und bieten wenig Übersicht. Sie müssen mit ständiger Vorsicht befahren werden. Vergessen Sie nicht, daß häufig Vieh (Kühe, Schafe, Ziegen und Schweine) frei herumläuft.

Reparaturen

Fachhändler gibt es nur in den größeren Städten, man ist also meistens auf sich selbst angewiesen.
Platter Reifen: Kette aufs kleinste Ritzel schalten. Am besten sollten Sie immer einen neuen Schlauch mitnehmen, sonst wie üblich flicken und Klebstoff gut trocknen lassen. Prüfen Sie nach, ob ein Stachel oder Dorn im Mantel steckengeblieben ist!
Defekte Bremsen: Sie sollten ein Ersatzkabel nach Korsika mitnehmen (geringes Gewicht), evtl. sogar einige Speichen und Bremsgummis.
Werkzeug: Nicht die ganze Werkstatt mitnehmen! Aber Reifenflickzeug samt Reifenheber und Luftpumpe sollte dabei sein. Praktisch sind Kombiwerkzeuge mit Schraubenziehern, Inbus- und normalen Schlüsseln, Speichenschlüsseln und Kettenvernietern für einen Kettenbruch.

Getränke und Verpflegung

Sie sollten immer genügend Getränke in Satteltaschen oder im Rucksack mitnehmen, denn man findet nicht überall Quellen oder Gaststätten. Bei großer Hitze gilt die Faustregel: 1 Stunde = 1 Liter. Die Versorgung des Körpers mit Wasser ist bei Hitze und Anstrengung äußerst wichtig: Muskeln arbeiten nur gut, wenn genügend Feuchtigkeit zwischen den Muskelfasern vorhanden ist. Trinken, vor allem Wasser, vermeidet Krämpfe und Muskelkater. Zu wenig oder gar nicht zu trinken kann gefährlich werden.

Bei längeren Touren sollten Sie auch leichte Kost mitnehmen, z. B. Obst oder Müsli-Riegel.
Einkaufen oder Einkehren unterwegs ist nur in größeren Ortschaften möglich und hängt von der Saison ab. Geschäftszeit für kleinere Läden ist von 8 – 12 Uhr und meistens von 16 – 19 Uhr. Supermärkte sind durchgehend geöffnet. Sonntags ist fast alles geschlossen, außer in der Hochsaison vormittags.

Gastronomie

Auf Korsika kann man wunderbar essen, Qualität hat freilich seinen Preis. Ein **Menü** hat drei Gänge: »hors d'oeuvre« (Vorspeise), »plat« (Hauptgericht) und »déssert« (Nachtisch). Die Getränke kommen hinzu. Preise für ein durchschnittliches Menü liegen zwischen 50 und 80 Francs. Man kann auch à la carte essen, nur einen Salat oder ein Tagesgericht z. B. – ein Salat kostet bis 40 Francs, ein Fleischgericht bis 60 Francs. Fisch und korsische Spezialitäten sind natürlich teurer. »Snacks« oder Pizzerien bieten preiswerte Standardgerichte an. Immer mehr Speisekarten sind auf deutsch abgefaßt, was jedoch nicht unbedingt ein Zeichen für Qualität sein muß. Kreditkarten werden in größeren Ortschaften angenommen.
In einem Restaurant sollte man sich nicht gleich an einen Tisch setzen, sondern den Kellner bitten, daß er einen Tisch zuweist.

Kleidung

Radlerhosen mit antibakteriellem Hosenpolster (ohne Unterwäsche tragen!) vermeiden Scheuerwunden, die bei Hitze und Schwitzen leicht auftreten. Weiße T-Shirts sowie Sonnencreme für Arme und Nacken schützen gegen die Sonne. Radlerhandschuhe sind bequem und schützen bei Stürzen. Grundsätzlich sollten Sie auf Korsika nur mit Helm oder mindestens mit einer Schirmmütze fahren (hilft gegen die Sonne und bei Stürzen). Eine Sonnenbrille oder Brille ist ebenso nützlich, denn »dicke Brummer« fliegen auf der Insel herum. Wind- und wasserundurchlässige Bekleidung schützt bei Abfahrten sowie gegen den Wind und bei Gewitter. Ins Gebirge sollten Sie warme Kleidung mitnehmen.

Reiseapotheke

Sie sollte folgendes enthalten:
• Pflaster
• Kompressen
• elastische Binden
• Desinfektionsmittel
• Insektensalbe
• Salbe für Sportverletzungen
• Mittel gegen Schmerzen und gegen Durchfall

Bei Unfall wählen Sie:
Notruf: 18, Polizei: 17

Wetter

Wetterbericht in den lokalen Zeitungen (»Nice Corse Matin« oder »Le Provencal La Corse«) lesen oder im Radio lokale Sender oder France Info hören. Telefonisch erhalten Sie Auskunft unter 08 36 68 02 2O, dann * Taste drücken und wählen:
Taste 1: Corse du sud,
Taste 2: Haute Corse.
Minitel (Btx) 36 15 Meteo.

Wortschatz

la Route, la Rue	die Straße
l'accident	der Unfall
Attention!	Achtung!
le chantier	die Baustelle
dangereux	gefährlich
le virage	die Kurve
la déviation	die Umleitung
les gravillons	der Rollsplitt
la priorité	die Vorfahrt
poids lourd	Lastwagen
la gare	der Bahnhof
le sanglier	das Wildschwein
le cochon, le porc	das Schwein
la vache	die Kuh
le mouton	das Schaf
la chèvre	die Ziege
le fromage	der Käse
le port (de plaisance)	der (Jacht-)Hafen
le parking	der Parkplatz
la forêt	der Wald

le ruisseau, le torrent	der Bach
le fleuve	der Fluß
la mer	das Meer, die See
la vague	die Welle
la planche à voile	das Segelbrett
le bateau	das Schiff
le ferry-boat	die Fähre
l'île	die Insel
le vélo, la bicyclette	das Fahrrad
le pneu	der Reifen, der Mantel
la chambre à air	der Schlauch
la valve	das Ventil
la rustine	das Flickzeug
la pompe	die Pumpe
la colle	der Klebstoff
la clé (alen)	der (Inbus-)Schlüssel
le frein	die Bremse
le patin de frein	das Bremsgummi
la chaîne	die Kette
le guidon	der Lenker

Wichtige Adressen

Allgemeine Adressen

Fédération Régionale des Offices du Tourisme
1, Place Foch, BP 21
20176 Ajaccio

Tel.: 04 95 21 40 87
Fax: 04 95 21 53 39
(sendet auf Anschreiben alle Listen für Ferienwohnungen, Fremdenzimmer oder andere Unterbringungen zu)

Agence du Tourisme de la Corse
17, Bvd. Roi Jérôme
20 000 Ajaccio
Tel.: 04 95 51 77 77
Fax: 04 95 51 14 40

*Französisches Fremden-
verkehrsamt – Maison de
la France*
Westendstraße 47
60001 Frankfurt am Main
Tel. 0 69/75 60 83 80;
für Broschüren und Kurz-
infos: Tel. 01 90/57 00 25

Maison de la France
Hilton Center 259c
Landstraßer Hauptstraße
A-1033 Wien
Tel. 01/7 15 70

*Französisches Verkehrs-
büro – Maison de la France*
Postfach 7226
Löwenstraße 59
CH-8023 Zürich
Tel. 01/2 11 35 61

Vivre la Corse en vélo
(Korsika auf dem Rad
erleben e.V.)
Rés. Napoléon 23
Cours Général Leclerc
20 000 Ajaccio

*Konsulat der Bundes-
republik Deutschland*
Zone Industrielle de Furiani
20 200 Bastia
Tel.: 04 95 33 03 56

Konsulat Österreichs
Hôtel Consulaire
Quai l'Herminier
20 000 Ajaccio
Tel.: 04 95 51 55 55

Konsulat der Schweiz
7, Rue d'Arcole
13006 Marseille
Tel.: 04 91 53 36 65

Radverleih

Der Radverleih auf Korsika
ist stark saisonabhängig.
Außerhalb der Saison
haben viele Verleiher
geschlossen.
Hier eine Auswahl von Ver-
leihern:

Cycles Guidoline
2, Rue Campinchini
Bastia
Tel.: 04 95 32 46 14

Cycles 20
Place Fort Lacroix
Bastia
Tel.: 04 95 32 30 64

Sprint
33, Av. E. Sari
Bastia
Tel.: 04 95 32 39 60

Ambrosini
Quartier Neuf
Calvi
Tel.: 04 95 65 02 13

Vincensini Patrick
19 bis, Cours Paoli
Corte
Tel. 04 95 46 29 83

Battiloni Virgile
83, Cours Napoléon
Ajaccio
Tel.: 04 95 23 14 65

Custom Cycles
26, Rue Dr. del
Pellegrino
Ajaccio

Cycles Huéto
Imm. Philadelphie
Av. Lyautey
Ajaccio
Tel.: 04 95 22 51 37

Rout'Evasion
2, Av. Noël Franchini
Ajaccio
Tel.: 04 95 32 30 64

Propriano TTC
(Tout Terrain Corse)
25, Rue Général de Gaulle
Propriano
Tel.: 04 59 76 15 32

Hotels, Campingplätze und Ferienwohnungen

Übernachtungsmöglichkeiten gibt es hauptsächlich in den Ferienorten am Meer. Die Angebote sind zahlreich. Die folgende Liste enthält nur eine Auswahl.

Raum Bastia – Cap Corse – Saint Florent

20 200 Bastia

Athena
2, Rue Miot
Tel.: 04 95 31 07 83
Fax: 04 95 31 26 41

Bonaparte
45, Bvd. Général Graziani
Tel.: 04 95 34 07 10
Fax: 04 95 32 35 62

Central
Rue Miot
Tel.: 04 95 31 71 12
Fax: 04 95 31 82 40

Cyrnea
Pietranera
Tel.: 04 95 31 41
Fax: 04 95 31 72 65

Le Forum
20, Bvd. Paoli
Tel.: 04 95 31 02 53
Fax: 04 95 31 26 41

Imperial
2, Bvd. paoli
Tel.: 04 95 31 06 94
Fax: 04 95 34 13 76

Hotel de la Paix
1, Bvd. Giraud
Tel.: 04 95 31 06 71
Fax: 04 95 33 16 95

Napoléon
43 – 45, Bvd. Paoli
Tel.: 04 95 31 60 30

Posta Vecchia
3, Rue Posta Vecchia
Tel.: 04 95 32 32 38
Fax: 04 95 32 14 05

Voyageurs
9, Av. Maréchal-Sébastien
Tel.: 04 95 31 08 9
Fax: 04 95 31 61 03

Sud Hotel
Av. de la Libération, Lupino
Tel.: 04 95 30 20 61
Fax: 04 95 30 53 85

Riviera
1 bis, Rue du Nouveau Port
Tel.: 04 95 31 07 26
Fax: 04 95 34 17 39

Univers
3, Av. Maréchal Sébastini
Tel.: 04 95 31 03 38
Fax: 04 95 31 19 91

20 600 Biguglia

Pineto
Lagune de la Marana
Tel.: 04 95 33 68 28
Fax: 04 95 33 13 05

Ibis
R.N. 193
Tel.: 04 95 30 27 27
Fax: 04 95 33 84 46

Le Lancone
Casatorre
Tel.: 04 95 33 71 39
Fax: 04 95 33 45 58

Studios de Biguglia
Rue Gérard Gouet
Ficabruna
Tel.: 04 95 33 79 49
Fax: 04 95 33 55 31

20 290 Borgo

Isola Hotel
Cordon Lagunaire
Tel.: 04 95 33 19 60
Fax: 04 95 33 40 30

Camping:
A L' Esperanza
Plage de Pineto
Tel.: 04 95 36 15 09

20 238 Centuri

Le Centuri
Tel.: 04 95 35 61 70
Fax: 04 95 35 64 20

Le Vieux Moulin
Tel.: 04 95 35 60 15
Fax: 04 95 35 62 96

U Marinaru
Tel.: 04 95 35 62 95

20 275 Ersa

La Giraglia
Barcaggio
Tel.: 04 95 35 60 5
Fax: 04 95 35 65 92

20 290 Lucciana

La Madrague
Route de Pineto
Tel.: 04 95 36 00 96
Fax: 04 95 38 31 59

Colibri
R.N. 193, Casamozza
Tel.: 04 95 36 03 15
Fax: 04 95 38 36 79

20 228 Luri

Santa Severa
Route du Cap Corse
Tel.: 04 95 35 00 98

20 248 Macinaggio

U Ricordu
Tel.: 04 95 35 40 20
Fax: 04 95 35 41 88

Camping:
De la Plage u Stazzu
Tel.: 04 95 35 43 76

20 238 Morsiglia

Camping:
L'Isuletto
Tel.: 04 95 35 62 81
Fax: 04 95 35 63 63

20 253 Patrimonio

Casa Corsa
Barbaggio
Tel.: 04 95 37 01 07

U Casone,
Tel.: 04 95 37 14 46
Fax: 04 95 37 17 15

Camping:
A Stella
Marine de Farinole
Tel.: 04 95 37 14 37
Fax: 04 95 37 18 72

U Sole Marinu
Catarelli
Tel.: 04 95 35 27 49

20 200 San-Martino-di-Lota

Hotel de la Corniche
Tel.: 04 95 31 40 98
Fax: 04 95 32 37 69

20 217 Saint Florent

Hotel du Centre
Rue du Centre
Tel.: 04 95 37 00 68
Fax: 04 95 37 17 09

Auberge Europe
Tel.: 04 95 37 00 03
Fax: 04 95 37 17 36

Madame Mere
Tel.: 04 95 37 14 20
Fax: 05 95 37 09 45

Maxime
Tel.: 04 95 37 05 30
Fax: 04 95 37 13 07

Paquerette
Tel.: 04 95 37 06 68
Fax: 04 95 37 05 57

Santa Maria
Lieu-Dit Cisternino
Tel.: 04 95 37 04 44
Fax: 04 95 37 04 47

Tettola
Tel.: 04 95 37 08 53
Fax: 04 95 37 09 19

Thalassa
Lieu-Dit Strutta
Tel.: 04 95 37 17 1
Fax: 04 95 37 17 00

Treperi
Route de Bastia
Tel.: 04 95 37 02 75
Fax: 04 95 37 04 61

U Liamone
Route de Treperi
Tel.: 04 95 37 12 81
Fax: 04 95 37 19 11

Le Montana
Route d'Oletta
Tel.: 04 95 37 14 85
Fax: 04 95 37 07 63

Sole e Mare
Tel.: 04 95 37 10 59
Fax: 04 95 37 07 74

Hotel de la Marine
Tel.: 04 95 35 21 04

Camping:
Kalliste
Tel.: 04 95 37 13 18
Fax: 04 95 37 19 77

U Pezzo
Route de la Roya
Tel.: 04 95 37 01 65

La Pinede
Serrigio
Tel.: 04 95 37 07 26

20 228 Santa Severa

Camping:
Santa Marina
Tel.: 04 95 35 02 86
Fax: 04 95 35 01 06

Raum Balagne – Ile Rousse – Calvi – Galéria

20 220 Algajola

Beaurivage
Tel.: 04 95 60 73 99
Fax: 04 95 60 79 51

Hotel de la Plage
Tel.: 04 95 60 72 12
Fax: 04 95 60 64 89

L'Ondine
7, Rue A. Marina
Tel.: 04 95 60 70 02
Fax: 04 95 60 60 36

Pascal Paoli
Tel.: 04 95 60 71 56
Fax: 04 95 60 61 01

L'Esquinade
Tel.: 04 95 60 70 19

Saint Joseph
Tel.: 04 95 60 73 90
Fax: 04 95 60 64 89

Ferayola
Tel.: 04 95 65 25 25
Fax: 04 95 65 20 78

Camping:
Cala di Sole
Tel.: 04 95 60 73 98
Fax: 04 95 60 75 10

De la Plage
Tel.: 04 95 60 71 76
Fax: 04 95 60 71 50

20 269 Aregno

Cantarettu City
Tel.: 04 95 60 70 89
Fax: 04 95 60 78 80

A Marina
Aregno Plage, R.N. 197
Tel.: 04 95 60 75 41

20 226 Belgodére

Les Mouettes
Tel.: 04 95 60 03 23

Niobel
Tel.: 04 95 61 34 00
Fax: 04 95 61 35 85

20 214 Calenzana

Bel Horizon
4, Place Prince Pierre
Tel.: 04 95 62 71 72

Auberge de la Foret
Bonifatu
Tel./Fax: 04 95 65 09 98

Camping:
Paradella
Route de Bonifato
Tel.: 04 95 65 00 97

20 260 Calvi

L'Abbaye
BP 18
Tel.: 04 95 65 04 27
Fax: 04 95 65 05 56

Aria Marina
Route de Porto
Tel.: 04 95 65 04 42
Fax: 04 95 65 03 69

Clos des Amandiers
Route de Pietramaggiore
Tel.: 04 95 65 08 32

Cyrnea
Route de Bastia
Tel.: 04 95 65 03 35
Fax: 04 95 65 38 46

Le Padro
Route de Calenzana
Tel.: 04 95 65 08 89
Fax: 04 95 65 08 88

Thalassa
Route de la Pinède
Tel.: 04 95 65 30 09
Fax: 04 95 65 14 69

Camping:
Le Mouflon
Tel.: 04 95 65 03 53

Campo di Fiori
Route de Pietramaggiore
Tel./Fax: 04 95 65 02 43

Les Castors
Route de Pietramaggiore
Tel.: 04 95 65 06 16

La Pinede
Route de la Pinède
Tel.: 04 95 65 17 80
Fax: 04 95 65 19 60

20 225 Cateri

U San Dume
Tel.: 04 95 61 73 95
Fax: 04 95 61 79 31

20 256 Corbara

Camping:
Le Bodri
Route d'Ile Rousse à Calvi
Tel.: 04 95 60 10 86
Fax: 04 95 60 23 59
(Bungalows)

20 225 Feliceto

Mare e Monti
Tel.: 04 95 61 73 06
Fax: 04 95 61 78 67

20 245 Galéria

Cinque Arcate
Tel.: 04 95 62 02 54

A Farera
Fango
Tel.: 04 95 62 01 87

Fango
Tel.: 04 95 62 01 92
Fax: 04 95 65 37 50

Camping:
Ideal Camping
Tel.: 04 95 62 01 46

Les Deux Torrents
Tel.: 04 95 62 00 6
Fax: 04 95 62 03 32

20 220 Ile Rousse

L'Amiral
Bvd. de la Mer
Tel.: 04 95 60 28 05
Fax: 04 95 60 31 21

Cala d L'oru
Bvd. de Fogata
Tel.: 04 95 60 14 75
Fax: 04 95 60 36 40

Funtana Marina
Route de Monticello
Tel.: 04 95 60 16 12
Fax: 04 95 60 18 11

Isula Rossa
Promenade du Port
Tel.: 04 95 60 01 32
Fax: 04 95 60 34 97

Maria Stella
Bvd. de Fogata
Tel.: 04 95 60 18 24
Fax: 04 95 60 21 91

Splendid
Av. Comte Valéry
Tel.: 04 95 60 00 24
Fax: 04 95 60 04 57

Camping:
L' Orniccio
Tel.: 04 95 60 17 32
Fax: 04 95 60 37 33

Les Oliviers
Tel.: 04 95 60 19 92
Fax: 04 95 60 25 64

20 226 Lozari

Camping:
Les Campeoles
Tel.: 04 95 60 20 20
Fax: 04 95 60 22 58

Les Clos de Chenes
Route de Belgodère
Tel.: 04 95 60 15 13

20 220 Monticello

Pasrurella
Tel.: 04 95 60 05 65
Fax: 05 95 60 28 70

20 259 Pioggiola

Auberge Aghjola
Tel.: 04 95 62 90 48
Fax: 04 95 61 92 99

20 226 Speloncato

Spelunca
Tel.: 04 95 61 50 38
Fax: 04 95 61 53 14

20 226 Palasca

Camping:
L' Ostriconi
Tel.: 04 95 60 10 05
Fax: 04 95 60 01 47

**Raum Corte – Venaco
– Ponte Leccia**

20 276 Asco

Le Chalet
Tel.: 04 95 47 82 08
Fax: 04 95 30 25 59

Camping:
Monte Cinto
Tel.: 04 95 47 84 48

20 212 Bustanico

U Liccedu
Tel.: 04 95 48 66 23

20 250 Corte

Hotel de la Paix
Av. Général de Gaulle
Tel.: 04 95 45 11 11
Fax: 04 95 61 02 85

Sampiero Corso
Av. Président Pierucci
Tel.: 04 95 46 09 76
Fax: 04 95 46 00 08

Colonna Cyrnos
3 et 4, Av. Xavier. Luciani
Tel.: 04 95 46 01 09

Hotel de la Poste
2, Place Padoue
Tel.: 04 95 46 01 37

H.R. Hotel
6, Allée du 9 Septembre
Tel.: 04 95 45 11 11
Fax: 04 95 61 02 85

Camping:
L'Alivettu
Faubourg Saint Antoine
Tel.: 04 95 46 11 59

Restonica
Faubourg Saint Antoine
Tel.: 04 95 46 11 59

Tuani
Vallée de la Restonica
Tel.: 04 95 46 11 65

U Tavignanu
(Bauernhof)
Tel.: 04 95 46 16 85

U Sognu
Route de la Restonica
Tel.: 04 95 46 09 07

20 271 Moltifao

Capanella
Route d'Asco
Tel.: 04 95 47 80 29

Camping:
A Tizarella
Route d'Asco
Tel.: 04 95 47 83 92

Cabanella
Route d'Asco
Tel.: 04 95 47 83 21

20 218 Ponte Leccia

Las Vegas
Tel.: 04 95 47 61 59

Hotel des Touristes
Tel.: 04 95 47 61 11

Camping:
De Griggione
Tel.: 04 95 47 62 92

20 231 Venaco

Paesotel e Caselle
Le Vallon
Tel.: 04 95 47 02 01
Fax: 04 95 47 06 65

Camping:
Perudundellu
Tel.: 04 95 47 09 89

20 219 Vivario

Macchje Monte
Tel.: 04 95 47 22 00

Camping:
Le Soleil
Tatone
Tel.: 04 95 47 21 16

Savaggio
Tatone
Tel.: 04 95 47 22 14

Raum Ghisonaccia – Fiumorbo

20 243 Casamozza

Camping:
Voie Romaine
Tel.: 04 95 56 14 73

20 240 Ghisonaccia

Franceschini
Tel.: 04 95 56 06 39
Fax: 04 95 56 05 32

Hotel de la Poste
Tel.: 04 95 56 00 41
Fax: 04 95 56 31 17

Marina d' Oru
Tel.: 04 95 56 57 58
Fax: 04 95 56 25 05

Perla di Mare
Place Vignale
Tel.: 04 95 57 31 89
Fax: 04 95 57 31 66

Camping:
La Marine de Caprone
Tel.: 04 95 56 02 42
Fax: 04 95 56 23 79

20 240 Pietrapola

Etablissement Thermal
Tel.: 04 95 56 70 03

Raum Ajaccio – Sagone – Porto

20 000 Ajaccio

Sun Beach
Route des Sanguinaires
Tel.: 04 95 21 55 81
Fax: 04 95 21 29 28

Bella Vista
Bvd. Lantivy
Tel.: 04 95 51 71 00
Fax: 04 95 21 81 88

Bonaparte
2, Rue des Halles
Tel.: 04 95 21 44 19

Les Calanques
Route des Sanguinaires
Tel.: 04 95 52 02 34
Fax: 04 95 52 08 82

Kallyste
52, Cours Napoléon
Tel.: 04 95 51 34 45
Fax: 04 94 21 79 00

Relais Mercure
115, Cours Napoléon
Tel.: 04 95 20 43 09
Fax: 04 95 22 72 44

Spunta di Mare
Quartier Saint Joseph
Tel.: 04 95 23 64 40
Fax: 04 95 20 80 02

Stella di Mare
Route des Sanguinaires
Tel.: 04 95 52 01 07
Fax: 04 95 52 08 69

Camping:
Pech Barette
Tel.: 04 95 52 01 17

Les Mimosas
Route d'Alata
Tel.: 04 95 20 99 85
Fax: 04 95 10 01 77

20 111 Calcatoggio

Camping:
La Liscia
Tel.: 04 95 52 20 65
Fax: 04 95 52 30 24

A Marina
Golfe de la Liscia
Tel.: 04 95 52 21 84
Fax: 04 95 52 30 76

20 130 Cargése

Beau Rivage
Place de Chiuni
Tel.: 04 95 26 43 91

Helios
Tel.: 04 95 26 41 24
Fax: 04 95 26 47 19

Spelunca
Tel.: 04 95 26 40 12

Thalassa
Tel.: 04 95 26 40 08

Bel Mare
Tel.: 04 95 26 40 13
Fax: 04 95 26 48 24

Camping:
Toraccia
Tel.: 04 95 26 42 39

0 115 Piana

Les Roches Rouges
Tel.: 04 95 27 81 81
Fax: 04 95 27 81 76

Le Scandola
Tel.: 04 95 27 80 07
Fax: 04 95 27 81 76

Les Calanches
Tel.: 04 95 27 82 08

Continental
Tel.: 04 95 27 82 02

Mare e Monti
Tel.: 04 95 27 82 14
Fax: 04 95 27 84 16

Camping:
Plage d'Arone
Tel.: 04 95 20 64 54

20 150 Porto

Capo d' Orto
Tel.: 04 95 26 11 14
Fax: 04 95 26 13 49

Corsica
Tel.: 04 95 26 10 89
Fax: 04 95 26 13 88

Le Cyrnee
Tel.: 04 95 26 12 40
Fax: 04 95 26 12 14

Ideal
Tel.: 04 95 26 07
Fax: 04 95 26 11 57

Le Lonca
Tel.: 04 95 26 16 44
Fax: 04 95 26 11 83

Le Medi Terranee
Tel.: 04 95 26 10 27
Fax: 04 95 21 02 45

Vaita
Tel.: 04 95 26 10 36
Fax: 04 95 26 12 81

Bella Vista
Tel.: 04 95 26 11 08
Fax: 04 95 26 15 18

Colombo
Tel.: 04 95 26 10 14

Camping:
Funtana a l'Ora
Tel.: 04 95 26 15 48
Fax: 04 95 26 10 83

Le Porto
Tel.: 04 95 26 13 67
Fax: 04 95 26 10 79

Camping Municipal
Tel.: 04 95 26 17 76

20 118 Sagone

Funtanella
Route de Cargèse
Tel.: 04 95 28 02 49
Fax: 04 95 28 03 36

A Rena d'Oru
Lieu-dit Esigna
Tel.: 04 95 28 00 09
Fax: 04 95 20 98 47

Camping:
Sagone Camping
Tel.: 04 95 28 04 15
Fax: 04 95 28 08 28

20 111 Tiuccia

L'Allegria
Tel.: 04 95 52 20 15
Fax: 04 95 52 27 62

Chez Andre Agula Marina
Tel.: 04 95 52 21 12
Fax: 04 95 52 23 32

Les Flots Bleus
Tel.: 04 95 52 21 65

Camping:
U Sommalu
Tel.: 04 95 52 24 21
Fax: 04 95 52 20 85

U Liamone
Tel.: 04 95 52 29 05
Fax: 04 95 52 30 23

20 160 Vico

U Paradisu
Tel.: 04 95 26 61 62
Fax: 04 95 26 67 01

Camping:
La Sposata
Col Saint Antoine
Tel.: 04 95 26 61 55

Raum Sartène –
Propriano

20 110 Campomoro

Le Campomoro
Tel.: 04 95 74 20 89

Le Ressac
Tel.: 04 95 74 22 25,
Fax: 04 95 74 23 43

Camping:
Lecci e Murta
Portigliolo
Tel.: 04 95 77 11 20

La Valle
Tel.: 04 95 74 20 52

20 113 Olmeto

Arcu di Sole
Tel.: 04 95 76 05 10
Fax: 04 95 76 13 36

Santa Maria
Tel.: 04 95 74 65 59

Camping:
Colomba
Route de Baracci
Tel.: 04 95 76 06 42

L' Esplanade:
Tel.: 04 95 76 05 03
Fax: 04 95 76 16 22

20 113 Olmeto Plage

Abartello
Tel.: 04 95 74 04 73

Camping:
Vigna Maiore
Tel.: 04 95 76 02 07
Fax: 04 95 76 62 02

Le Ras l'Bol
Tel.: 04 95 74 04 25

Abbartello
Tel.: 04 95 74 04 93

Chez Antoine
Marine d'Olmeto
Tel.: 04 95 76 06 06
Fax: 04 95 76 02 60

20110 Propriano

Arena Bianca
Chemin des Plages
Tel.: 04 95 76 06 01
Fax.: 04 95 76 12 12

Bartaccia
Tel.: 04 95 76 01 99
Fax: 04 95 76 24 92

Claridge
Rue Bonaparte
Tel.: 04 95 76 05 54
Fax: 04 95 76 27 77

Ibiscus
Route de la Corniche
Tel.: 04 95 76 01 56
Fax: 04 95 76 23 88

Loft Hotel
3, Rue J.P. Pandolfi
Tel.: 04 95 76 17 48
Fax: 04 95 76 22 04

Camping:
Corsica
Tel.: 04 95 76 08 32
Fax: 04 95 76 18 25
(Bungalows)

Tikiti
Tel.: 04 95 76 08 32
Fax: 04 95 76 18 25

Listinco
Tel.: 04 95 76 19 17

20 100 Sarténe

Les Roches
Tel.: 04 95 77 07 61
Fax: 04 95 77 19 93

Rossi
Route de Propriano
Tel: 04 95 77 01 80

Villa Piana
Route de Propriani
Tel.: 04 05 77 07 04
Fax: 04 95 73 45 65

Hotel du Golfe
Tel./Fax: 04 95 77 14 76

Camping:
L' Avena Arepos
Route de Tizzano
Tel.: 04 95 77 02 18

Olva les Eucalyptus
Route de Castagna
Tel.: 04 95 77 11 58 F
ax: 04 95 77 05 68

Arepos Roccapina
Tel.: 04 95 77 19 30

Raum Porto-Vecchio – Bonifacio – Zonza

20 169 Bonifacio

Solemare
La Marine
Tel.: 04 95 73 01 06
Fax: 04 95 73 12 57

Hotel du Golfe
Santa Manza
Tel.: 04 95 73 05 91
Fax: 04 95 73 17 18

Centre Nautique
Quai Nord
Tel.: 04 95 73 02 11
Fax 04 95 73 17 47

Camping:
Des Iles
Route de Piantarella
Tel.: 04 95 73 11 89
Fax: 04 95 73 18 77

Campo di Liccia
Tel.: 04 95 73 03 09
Fax: 04 95 25 13 56

La Rondinaria
Tel.: 04 95 70 43 15
Fax: 04 95 70 56 79

20 137 Porto-Vecchio

L' Aiglon
Route du Port
Tel.: 04 95 70 13 06
Fax: 05 95 70 19 38

La Caleche d'Or
Route de Bastia
Tel.: 04 95 70 19 03
Fax: 04 95 70 41 66

Le Goeland
La Marine
Tel.: 04 95 70 14 15
Fax: 04 95 70 05 18

Le Hameau de Palombaggia
Tel.: 04 95 70 03 65
Fax: 04 95 70 14 61

Le Modern
10, Cours Napoléon
Tel.: 04 95 70 06 36

Panorama 12
Rue Jean Nicoli
Tel.: 04 95 70 07 96

Camping:
La Matonara:
les 4 Chemins
Tel./Fax: 04 95 70 37 05

Bella Vista
Route de Palombaggia
Tel.: 04 95 70 58 01

U Furu
Route de Muratello
Tel.: 04 95 70 10 83

20 124 Zonza

L'Incudine
Tel.: 04 95 78 67 71

Hotel du Tourisme
Tel.: 04 95 78 67 72
Fax: 04 95 78 73 23

La Terrasse
Tel.: 04 95 78 67 69

L'Aiglon
Tel.: 04 95 78 67 79
Fax: 04 95 78 63 62

Camping:
Camping Municipal
Tel.: 04 95 78 62 74
Fax: 04 95 78 66 25

U Fuconu
Route de Quenza
Tel.: 04 95 78 66 76

Ortsregister

Kursive Ziffern verweisen auf Abbildungen, geradestehende auf Textstellen.

Kartensymbole

3	Tourennummer		🕆	Kapelle
A	Anfangspunkt		**P**	Parkplatz
E	Endpunkt		❋	Aussichtspunkt
✚	Kirche		▲	Campingplatz
H	Schloß		⌷	Bahnhof
✕	Einkehrmöglichkeit		Δ	Gipfel
≋	Bademöglichkeit		**I**	Aussichtsturm
M	Museum		♂	Kirchenruine
🐾	spezieller Tierbestand		◼	Klosterruine
♪	Ruine		▲	Jugendherberge
✚	Kloster		★	Sehenswürdigkeit